DHARMA

CB131245

ANNIE BESANT

DHARMA

Três conferências pronunciadas na oitava reunião anual da Sociedade Teosófica, Seção Hindu, realizada em Varanasi (Benares) nos dias 25, 26 e 27 de outubro de 1898.

Tradução de
Hugo Mader

EDITORA PENSAMENTO
São Paulo

Título do original inglês:
DHARMA
© 1918, The Theosophical Publishing
House, Adyar, Madras, Índia.

4689753

Direitos reservados.
EDITORA PENSAMENTO LTDA.
Rua Dr. Mário Vicente, 374, 04270 São Paulo, SP, fone 63.3141.

Impresso em nossas
oficinas gráficas.

ÍNDICE

Conferência

DIFERENÇAS

Quando as nações surgiram uma a uma sobre a terra, cada qual recebeu de Deus uma palavra especial, palavra com que dirigir-se ao mundo, palavra singular que vem do Eterno e que cada uma deve pronunciar. Ao passarmos os olhos pela história das nações, podemos sentir ressoar da boca coletiva do povo esta palavra que, expressa em atos, constitui a contribuição de cada nação para uma humanidade ideal e perfeita. Para o antigo Egito, tal palavra foi Religião; para a Pérsia, Pureza; para a Caldéia, Ciência; para a Grécia, Beleza; para Roma, Lei; e para a Índia, o mais velho de Seus filhos, para a Índia Ele concedeu uma palavra que a todas resumia, a palavra Dharma. Eis a palavra da Índia para o mundo.

Mas não podemos pronunciar esta palavra tão rica de significados, tão imensa pela força que encerra, sem nos lançarmos aos pés daquele que é a mais alta personificação do Dharma que o mundo jamais conheceu — sem nos lançarmos aos pés de Bhishma, filho de Ganga, a mais grandiosa das encarnações do Dever.

Acompanhem-me por um momento, recuando cinco mil anos no tempo, e então vejam este herói recostado em seu leito de flechas no campo de batalha de Kurukshetra, a Morte ali a rondá-lo enquanto não chega a hora favorável. Passamos por entre pilhas e pilhas de guerreiros massacrados, por montanhas de cavalos e elefantes mortos, muitas e muitas piras funerárias, muitas e muitas pilhas de armas e carros de combate destroçados. Chegamos ao herói, estendido em seu leito de flechas, varado por centenas delas, a cabeça descansando contra uma almofada de setas. Pois ele recusou os travesseiros macios de pena que lhe trouxeram e aceitou somente a almofada de setas preparada por Arjuna. Bhishma, que tinha um Dharma perfeito, havia feito, quando mal passava ainda de uma criança, em consideração a seu pai, em consideração ao dever de filho que tinha para com ele, em consideração ao amor que lhe devia, a grandiosa promessa de renunciar à vida em família, de renunciar à coroa a fim de que a vontade do pai fosse realizada e seu coração satisfeito. E Shantanu concedeu-lhe então a graça, a bênção divina, de que a Morte não o alcançaria senão quando ele próprio a chamasse, quando ele próprio desejasse morrer. Quando ele caiu, varado por centenas de setas, o sol se encontrava em sua declinação austral e o momento não era propício para que morresse alguém que não deveria mais voltar. Assim, usou o poder que seu pai havia lhe dado e manteve a morte à distância até que o sol viesse abrir o caminho para a paz e a liberdade eternas. Ali, estendido por dias e dias que se arrastavam, martirizado por seus ferimentos, torturado pela aflição do inútil corpo que vestia, vieram ter a ele muitos Rishis e remanescentes dos reis Ários, para ali dirigindo-se também Shri Krishna, a fim de ver o fiel guerreiro. Para ali vieram os cinco príncipes, filhos de Pandu, vencedores da grande guerra, e o rodearam chorando e velando, ansiosos por receber seus ensinamentos. Ao que se consumia no tormento atroz, chegaram as palavras d'Aquele cujos lábios eram os lábios de Deus, e Ele o livrou da febre ardente e concedeu-lhe repouso ao corpo e lucidez de espírito e calma interior, ordenando-lhe então que ensinasse ao mundo o que era o Dharma — justamente a ele, que por toda a vida jamais deixara de ensiná-lo, jamais se afastara do justo caminho e que tanto como filho, príncipe, homem de estado ou guerreiro, jamais deixara de trilhar a estreita senda. Suas lições foram solicitadas pelos que o rodeavam e Vasudeva pediu-lhe que falasse do Dharma, já que ele era digno de ensiná-lo (*Mahabharata,* Shanti Parva, § LIV).

Então os filhos de Pandu, encabeçados por Yudhisthira, o mais velho dos irmãos e líder da hoste de guerreiros que haviam ferido mortalmente Brishma, aproximaram-se dele; Yudhisthira temia aproximar-se mais e fazer perguntas por pensar que, como eram realmente suas as setas e como por sua causa é que haviam sido disparadas, ele era o culpado pelo sangue que se esvaía de seu irmão mais velho, e por essa razão não convinha solicitar-lhe ensinamentos. Percebendo a sua hesitação, Bhishma, cujo espírito sempre fora equilibrado, que sempre trilhara o difícil caminho do dever sem se deixar afastar para a esquerda ou para a direita, pronunciou estas memoráveis palavras: "Assim como o dever dos Brahmanas consiste na prática da caridade, no estudo e na penitência, o dever dos Kshattriyas é sacrificar seus corpos nas batalhas. Um Kshattriya deve ser capaz de imolar pais e avós e irmãos e preceptores e parentes e aliados que com ele venham medir forças em batalha injusta. É este o seu dever declarado. Um Kshattriya, ó Keshava, pode dizer que conhece a fundo o seu dever quando numa batalha imola até mesmo os seus preceptores, se estes se mostraram cheios de pecados e concupiscência e negligenciaram suas promessas e juramentos. . . Pergunta-me, ó filho, sem temor algum". Então, do mesmo modo como Vasudeva, ao se referir a Bhishma, lhe reconhecera o direito de falar como mestre, o próprio Bhishma, por sua vez, ao dirigir-se aos príncipes, apresentou as qualidades necessárias àqueles que desejam esclarecimentos acerca do problema do Dharma:

"Que o filho de Pandu, possuidor de inteligência, autodomínio, brahmacharya, misericórdia, justiça, energia e vigor espiritual, faça as suas perguntas a mim. Que o filho de Pandu, que por seus bons ofícios sempre honra seus familiares e hóspedes e servos e outros que dele dependem, faça as suas perguntas a mim. Que o filho de Pandu, em quem se encontram a verdade e a caridade e as penitências, o heroísmo, a calma, a inteligência e o destemor faça as suas perguntas a mim" (*Ibid.*, § LV).

Eis aí algumas das características do homem que deseja compreender os mistérios do Dharma. São estas as qualidades que eu e vocês devemos tentar desenvolver a fim de que possamos compreender os ensinamentos, a fim de que possamos ser dignos de solicitá-los.

Então, começou um magnífico discurso, um discurso sem paralelo entre os discursos da terra. Trata-se dos deveres dos Reis e súditos, dos deveres das quatro classes, dos quatro modos de vida, deveres para homens de todas as espécies, deveres distintos uns dos outros e apropriados a cada estágio da evolução. Todos vocês deveriam conhecer, deveriam estudar esse magnífico discurso, não apenas por sua beleza literária mas por sua grandeza moral. Se pudéssemos tão-somente seguir a senda traçada por Bhishma, a nossa evolução acelerar-se-ia e a Índia veria aproximar-se a aurora de sua redenção.

Quanto à moral — assunto estreitamente relacionado ao Dharma e que não se pode compreender sem que se saiba o que significa o Dharma — quanto à moral, pensam alguns que se trata de coisa muito simples. E assim é, se considerada apenas em seus traços mais gerais. As fronteiras entre o certo e o errado nos atos comuns da vida são claras, simples e definidas. Para o homem pouco desenvolvido, para o homem de inteligência curta, para o homem de parcos conhecimentos, a moral parece ser uma coisa muito simples. Mas para os que possuem saber profundo e inteligência superior, para os que evoluem rumo a níveis superiores de humanidade, para os que desejam compreender os seus mistérios, para estes a moral é algo bastante complexo: "A moral é muito sutil", como disse o príncipe Yudhisthira quando chamado a resolver o problema do casamento de Draupadi com os cinco filhos de Pandu. E alguém de maior prestígio ainda que este príncipe se referiu ao problema; Shri Krishna, o Avatar, em discurso pronunciado no campo de batalha de Kurukshetra, falou precisamente desta questão da dificuldade de agir. Disse:

"O que é a ação? O que é a inação? Quanto a isso, até mesmo os sábios se confundem. É necessário discriminar a ação, a ação ilícita, e a inação; misteriosa é a senda da ação" (*Bhagavad-Gita,* iv. 16-17).

Misteriosa é a senda da ação: misteriosa, posto que a moral não é, como pensam os pobres de espírito, uma só e a mesma para todos, posto que ela varia segundo o Dharma de cada indivíduo. O que é certo para um é errado para outros. E o que é errado para uns é certo para outros. A moral é algo individual, que depende do indivíduo que age e não do que às vezes chamam "o bem e o mal absolutos". Nada existe de absoluto num universo condicionado. O bem e o mal são relativos e devem ser julgados levando-se em conta o indivíduo e seus deveres. Foi por isso que o maior dos Mestres — e isso nos guiará pelo tortuoso caminho — disse do Dharma: "Mais vale o próprio Dharma, ainda que desprovido de méritos, que o Dharma de um outro perfeitamente cumprido. Mais vale a morte que sobrevém ao cumprir-se o próprio Dharma, pois o Dharma de outro está cheio de perigos" (*Ibid.,* iv. 35).

Torna ele a repetir este mesmo pensamento ao final de seu memorável discurso, desta vez mudando os termos a fim de lançar nova luz sobre o assunto, e dizendo: "Mais vale o próprio Dharma, embora desprovido de méritos, que o Dharma de um outro bem cumprido. Aquele que se ajusta ao Karma prescrito pela sua própria natureza não se expõe ao pecado". (*Ibid.*, xviii. 47.) A seguir, explica mais detalhadamente este ensinamento e nos indica, um por um, os Dharmas das quatro grandes castas, sendo que a própria maneira por que Ele se exprime nos revela o sentido desta palavra, que às vezes é traduzida por Dever, às vezes por Lei, às vezes por Retidão, às vezes por Religião. Ela significa tudo isso e muito mais, pois o seu sentido é ainda mais profundo e vasto do que podem exprimir cada uma destas palavras separadamente. Sejam as palavras de Shri Krishna sobre o Dharma das quatro castas: "Aos Brahmanas, Kshattriyas, Vaishyas e Shudras, ó Parantapa, foram os Karmas distribuídos *de acordo com os gunas nascidos de suas próprias naturezas.* A serenidade, o autodomínio, a austeridade, a pureza, a misericórdia e também a lealdade, a sabedoria, o conhecimento e a crença em Deus constituem o Karma do Brahmana, nascido de sua própria natureza. A coragem, o esplendor, a firmeza, a destreza e também o destemor na luta, a generosidade, as qualidades de soberano constituem o Karma do Kshattriya, nascido de sua própria natureza. A agricultura, o pastoreio e o comércio constituem o Karma do Vaishya, nascido de sua própria natureza. Agir como servidor é próprio do Karma do Shudra, nascido de sua própria natureza. O homem atinge a perfeição pela dedicação de cada ser ao seu próprio Karma".

Em seguida, diz ele: "Mais vale o próprio Dharma, embora desprovido de mérito, que o Dharma de um outro bem cumprido. Aquele que se ajusta ao Karma prescrito pela sua própria natureza não se expõe ao pecado".

Observem como as duas palavras, Dharma e Karma, podem ser tomadas uma pela outra. Elas nos proporcionam as chaves de que precisamos para desvendar o nosso problema. Que me seja permitido lhes dar em primeiro lugar uma definição apenas parcial do Dharma. Não posso, de uma só vez, apresentar uma definição completa. Apresentarei agora a primeira metade e tratarei da segunda quando chegar o momento oportuno. A primeira metade é a seguinte: "Dharma é a natureza interior que alcançou, em cada indivíduo, um certo grau de desenvolvimento e florescimento". É esta natureza interior que modela a vida exterior e se faz expressar por pensamentos, palavras e atos, natureza interior que nasce em um meio favorável ao seu posterior crescimento. A primeira idéia a ser apreendida é a de que o Dharma não é algo exterior, algo como a lei, a virtude, a religião, a justiça. É a lei da vida evolutiva, a que modela pela sua própria imagem tudo o que lhe é exterior.

Agora, a fim de elucidar este tema difícil e abstruso, eu o dividirei em três partes principais. *Diferenças* é a primeira delas, uma vez que as pessoas possuem diferentes Dharmas. Até mesmo na passagem anteriormente citada se pode discernir quatro grandes classes. Reparando melhor, cada indivíduo possui o seu próprio Dharma. Como compreendê-los a todos? Se não compreendermos até certo ponto algo acerca da natureza das diferenças, acerca do que as produziu, da sua razão de ser, do que entendemos quando falamos em diferenças; se não compreendermos como cada indivíduo demonstra por meio de seus pensamentos, palavras e ações o estágio por ele alcançado; se não compreendermos tudo isso, não chegaremos a entender o Dharma. A seguir, teremos que nos haver com a Evolução, teremos que rastrear estas diferenças à medida que elas evoluem. Por último, devemos tratar do problema do Bem e do Mal, pois a finalidade do nosso estudo é conduzir à resposta para a questão: "Como um homem deveria conduzir a sua vida?". Seria inútil pedir-lhes que me acompanhassem em pensamentos de natureza complexa se ao final não pudéssemos colocar em prática os conhecimentos adquiridos e nos esforçar por viver de acordo com o Dharma, mostrando ao mundo o que à Índia coube ensinar.

Em que consiste a perfeição de um Universo? Quando começamos a refletir acerca do universo e do que entendemos por essa palavra, acabamos por imaginar um vasto número de objetos trabalhando juntos em maior ou menor harmonia. A variedade é a nota distintiva do universo, assim como a unidade é o que distingue o Não-Manifesto, o Incondicionado — o Uno sem par. A diversidade é a nota do manifesto e do condicionado — o resultado da vontade de ser muitas coisas.

Quando um Universo está prestes a se tornar uma realidade, aprendemos, a Causa Primeira, Eterna, Inconcebível, Indiscernível e Sutil brilha por Sua própria Vontade. O que esta irradiação significa em Si mesma é algo que ninguém se atreveria a conjecturar. Podemos, sim, apreender o que ela significa a partir de certa face por que a consideremos. Ishvara surge, envolto no entanto pelo véu de Maya — são dois aspectos do Supremo que se manifestam. Muitas palavras têm sido usadas para expressar esse par de opostos elementar: Ishvara e Maya, Sat e Asat; Realidade e Irrealidade, Espírito e Matéria, Vida e Forma. São palavras de que nos servimos, em nossa insuficiente linguagem, para expressar aquilo que o nosso entendimento pode tão-só conceber. Tudo o que podemos dizer é: "Assim nos ensinaram os Sábios, e assim humildemente repetimos".

Ishvara e Maya. O que deve ser o universo? É a imagem de Ishvara refletida em Maya — a imagem fiel de Ishvara, posto que Ele escolheu condicionar-se a este universo particular cuja hora de nascer chegou. Sua imagem — limitada, condicionada. A sua imagem Autocondicionada, eis o que deve manifestar perfeitamente o universo. Mas como poderia o que é limitado e parcial refletir Ishvara? Pela multiplicidade das partes trabalhando juntas em um todo harmonioso. A infinita variedade das diferenças e as múltiplas combinações de umas e outras expressarão a lei do pensamento divino até que o pensamento seja integralmente expresso pela totalidade do Universo tornado perfeito. Tentemos captar algo do que isso pode significar. Busquemos juntos a fim de que possamos compreendê-lo.

Ishvara pensa na Beleza; prontamente a sua energia formidável, onipotente e fecunda sensibiliza Maya e a transforma em miríades de formas de objetos que chamamos belos. Esta energia vem tocar a matéria pronta a ser moldada, como a água, por exemplo — e a água assume milhões de formas do Belo. Podemos distinguir uma delas na vasta extensão do oceano, serena e calma, onde vento nenhum sopra e o céu se espelha em seu âmago profundo. Surpreendemos uma outra forma do Belo quando o vento, vindo de encontro a esta superfície, vem gerar vaga após vaga, abismos e mais abismos, até que essa massa de água se torne terrível em toda sua fúria e majestade. Então, surge daí uma nova forma do Belo, ao se aquietarem as águas raivosas e espumantes e se transmudar o oceano em miríades de ondulações a luzir e reluzir sob o luar, cujos raios se partem e se fazem refratar em milhares de pontos cintilantes. Isso nos proporciona mais uma sugestão sobre o sentido da Beleza. Em seguida, contemplamos uma vez mais o oceano, cujo horizonte nenhuma terra limita e cuja infinita extensão nada interrompe, e ainda junto à praia observamos as ondas rebentarem-se a nossos pés. A cada mudança, o regime das águas do oceano expressa uma nova idéia de Belo. Um outro lampejo da idéia de Beleza expressa pelas águas é o que surpreendemos em um lago alpestre, na imobilidade e serenidade de sua calma superfície; e no arroio a correr por entre rocha e rocha; e na correnteza que se desfaz em milhares de gotas, captando e refratando a luz solar em todos os tons do arco-íris. Assim, da água, em todas as suas formas e aspectos, do mar encapelado ao *iceberg* congelado, da neblina cerrada às nuvens de magnífico colorido, resplende a idéia de Beleza que nela imprimiu Ishvara quando a palavra saiu de Si. Deixando a água, nos deparamos com outras expressões do Belo na figura de uma delicada planta trepadeira e sua massa de cores brilhantes, em plantas mais fortes, no robusto carvalho e na obscuridade dos recessos sombrios da floresta. Novas idéias do Belo nos chegam dos cimos montanhosos e das vastas e ondulantes pradarias, onde quer que a terra deixe entrever novas possibilidades de existência, das areias do deserto ao verdor da campina. Se nos enfada a terra, o telescópio nos traz ao alcance da visão a Beleza de miríades de sóis a gravitarem e a rodarem pelos espaços infinitos. E então o microscópio revela ao nosso olhar assombrado a Beleza que há no infinitamente pequeno, como fez o telescópio com o infinitamente grande: assim, uma nova porta é-nos aberta para a contemplação do Belo. Temos à nossa volta centenas e milhares de objetos, todos belos. Na graça do animal, na força do homem, no doce encanto da mulher, na expressão da criança a sorrir, em tudo captamos alguns relances da idéia de Belo na mente de Ishvara.

Desse modo, podemos compreender algo acerca da maneira pela qual o Seu pensamento se transforma em miríades de formas de esplendor, como quando Ele, feito Belo, fala ao mundo. O mesmo se passa no caso da

Força, da Energia, da Harmonia, da Música e assim por diante. Compreendeis agora por que a variedade deve existir: porque nenhum objeto limitado pode expressá-Lo integralmente, porque nenhuma forma limitada pode expressá-Lo integralmente. Na medida, porém, em que se aproximem da perfeição em seu gênero, as formas e objetos poderão, em conjunto, revelá-Lo parcialmente. Assim, a perfeição do Universo é perfeição da variedade e da harmonia das partes inter-relacionadas.

Ao chegarmos a uma tal concepção, começamos a nos dar conta de que o Universo somente pode alcançar a perfeição se cada uma de suas partes desempenhar a sua própria função e desenvolver integralmente a sua própria porção vital. Se a árvore tentasse imitar a montanha ou a água imitar a terra, elas perderiam a beleza que lhes é própria sem chegar a obter outra. A perfeição do corpo não depende de uma célula executar as funções das outras células, mas sim do fato de cada célula cumprir perfeitamente a sua própria função. Temos cérebro, pulmões, coração, órgãos digestivos e outros mais. Se o cérebro tentasse executar as funções do coração e os pulmões tentassem digerir os alimentos, o corpo ficaria com toda a certeza num estado lamentável. A saúde do corpo é assegurada pelo fato de cada órgão cumprir a função que lhe cabe. Chegamos assim a constatar que, à medida que o universo se desenvolve, cada uma de suas partes segue o caminho ditado pela lei que governa a sua própria vida. A imagem de Ishvara na natureza jamais chegará a ser perfeita se cada uma de suas partes não se realizar em si mesma e nas suas relação com as demais.

Como surgem essas inumeráveis diferenças? Como chegam elas a se manifestar na existência? Como se dá a relação do Universo, evoluindo como um todo, com cada uma de suas partes, evoluindo estas segundo as trajetórias que lhe são próprias? Diz-se que Ishvara, expressando-se como Prakriti, manifesta três atributos: Sattva, Rajas e Tamas. Não há, em português, palavras equivalentes a estas ou capazes de traduzi-las satisfatoriamente. Mesmo assim, no momento traduzirei Tamas por inércia, o atributo daquilo que não se move, daquilo que proporciona a estabilidade; Rajas é o atributo da energia e do movimento e Sattva talvez seja melhor expresso por harmonia, atributo do que causa prazer, na medida em que todo prazer se origina da harmonia e somente a harmonia pode proporcioná-lo. A seguir, aprendemos que estes três *gunas* são posteriormente modificados de sete maneiras diferentes, sete grandes direções, de certa forma, dando lugar, além disso, a inumeráveis combinações. Todas as religiões referem-se a esta divisão em sete partes, todas as religiões proclamam a sua existência. Correspondem, na religião hindu, aos cinco grandes elementos que acrescidos de mais dois superiores constituem os sete Purushas de que fala Manu.

Desta diferença primária transmitida por um Universo do passado — pois um mundo se relaciona com outro mundo e um Universo com outro Universo — comprovamos que o fluxo vital se dividiu e se subdividiu ao se precipitar na matéria, até que, ao alcançar a circunferência do enorme círculo, refluiu sobre si mesmo. A evolução principia neste momento decisivo em que o fluxo vital começa a retornar para Ishvara. O período precedente é um período de involução, durante o qual a vida começa por se enredar na matéria; é no decorrer da evolução que ela desenvolve as faculdades que lhe são inerentes. Podemos citar Manu, quando este diz que Ishvara depositou Sua semente nas águas grandiosas. A vida dada por Ishvara não era uma vida desenvolvida, mas uma vida passível de desenvolvimento. Tudo existe em germe, a princípio. Assim como o pai dá de sua vida para engendrar a criança, assim como essa semente de vida se desenvolve por variadas combinações até vir a nascer, e então, ano após ano, passa pela infância, juventude e idade adulta até que seja atingida a maturidade e de novo a imagem do pai se faça visível no filho; assim também, o Pai Eterno, ao depositar a semente no seio da matéria, dá a vida, mas uma vida ainda não desenvolvida. O germe inicia agora a sua ascensão, superando uma a uma as fases da vida, as quais ele gradualmente vai se tornando capaz de expressar.

Ao estudarmos o Universo, descobrimos que as suas variedades diferem quanto à idade. Este é um ponto que interessa ao nosso problema. Não foi em virtude de uma palavra criadora que este mundo chegou ao seu estado atual. Foi lenta e gradualmente, ao cabo de longas meditações, que Brahma criou o mundo. Uma a uma surgiram as formas vivas, uma a uma foram se espalhando as sementes da vida. Se considerarmos um Universo qualquer num dado momento do tempo, descobriremos que a variedade deste Universo tem como fator principal o Tempo. A idade do germe em vias de desenvolvimento indicará o estágio por ele alcançado. Num Universo coexistem germes de várias idades e diferentes estágios de desenvolvimento. Existem germes mais jovens que os minerais, constituindo os assim chamados reinos elementares. Os germes em vias de desenvolvimento englobados na denominação de reino mineral são mais velhos que estes. Os germes que se desenvolvem pelo mundo vegetal são mais velhos que os germes que se desenvolvem pelo mundo mineral, isto é, possuem atrás de si um período maior de evolução; os animais são germes com um passado ainda maior atrás de si, e os germes que chamamos humanidade possuem um passado maior que o de todos os outros.

Cada grande classe apresenta essa diversidade quanto à sua origem no tempo. Da mesma forma, a existência separada e individual de um homem – não a existência essencial, mas aquela separada e individual – é diferente da de outro, sendo que nos distinguimos pela idade de nossas existências individuais como também pela idade de nossos corpos. A vida é uma só – uma só vida, afinal de contas; no entanto, ela implica diferentes estágios de tempo, se levarmos em conta o ponto de partida da semente que por ela crescerá. É preciso que essa idéia seja perfeitamente compreendida. Quando um Universo chega a seu fim, encontrar-se-ão nele entidades que alcançaram os mais variados estágios de crescimento. Já disse que um mundo se relacionava com outro mundo e um Universo com outro Universo. Algumas unidades encontrar-se-ão, a princípio, num estágio pouco adiantado da evolução; outras, prestes a se expandirem até a consciência de Deus. Este Universo registrará, quando chegar ao fim o seu período de vida, as mais variadas diferenças de crescimento, correspondentes a outras tantas diferenças de tempo. A vida é uma só para todas, mas o estágio de desenvolvimento de uma dada existência depende do tempo pelo qual ela evoluiu separadamente. E aí, precisamente, tocamos no nó da nossa questão — uma vida imorredoura, eterna, infinita tanto na origem como no fim; esta vida, no entanto, se manifesta em diferentes graus de evolução, em diferentes estágios de desenvolvimento, assim como também variam as faculdades inerentes que ela manifesta de acordo com a idade da existência separada. São estas as duas idéias que precisam ser compreendidas para que em seguida possamos considerar o outro aspecto da definição de Dharma.

Dharma pode ser agora definido como a "natureza interior de uma coisa num dado momento da evolução, bem como a lei que governa o seu estágio seguinte de desenvolvimento" — a natureza, conforme o grau de desenvolvimento por ela alcançado, mais a lei que rege o seu estágio seguinte de desenvolvimento. A própria natureza determina o ponto da evolução por ela atingido; seguem-se as condições a que estão subordinados os seus progressos ulteriores. Tomemos estes dois pensamentos juntos e então compreenderemos por que somente o nosso próprio Dharma pode nos conduzir à perfeição. Meu Dharma é o estágio da evolução alcançado pela minha natureza, ao desenvolver aquela semente de vida divina que sou eu próprio, mais a lei da vida segundo a qual o estágio seguinte deverá ser vencido. Este diz respeito ao eu separado. Preciso saber em que estágio de crescimento me encontro, preciso conhecer a lei que me possibilitará crescer ainda mais; é então que passo a conhecer o meu Dharma, e é seguindo esse Dharma que me encaminho para a perfeição.

Torna-se claro, então, ao cuidarmos de seu significado, porque cada um de nós devemos avaliar a nossa condição atual em função do estágio seguinte. Se não conhecermos o presente estágio, forçosamente desconheceremos o estágio seguinte a que deveremos visar, e estaremos portanto agindo em desacordo com o nosso Dharma e por isso retardando a nossa evolução. Se, pelo contrário, conhecermos ambos, poderemos agir de acordo com o nosso Dharma e apressar a nossa evolução. E é nesse ponto que nos deparamos com uma grande cilada. Sabemos que uma coisa é boa, sublime e grandiosa, por isso passamos a querê-la para nós. Será esse o estágio seguinte da nossa evolução? É isso que a lei do nosso desenvolvimento vital exige para que essa vida possa se desenvolver harmoniosamente? Nosso objetivo imediato não é aquilo que é o melhor em si, mas sim o que é melhor para nós em função do estágio em que nos encontramos, o que nos faz avançar um passo a mais. Seja uma criança. Se é de uma menina que se trata, não há qualquer dúvida que ela tem diante de si um futuro muito mais elevado, nobre e belo do que o presente, no qual ela brinca com suas bonecas; ela será mãe e em vez de bonecas terá nos braços um bebê, pois não é outra a perfeição do ideal feminino: a mãe e seu filho. Mas se este é o perfeito ideal da mulher, ansiá-lo fora de hora é antes um mal do que um bem. Tudo tem sua hora e lugar certo. Se a esta mãe cabe se desenvolver até alcançar a perfeição da mulher, se a ela cabe tornar-se uma mãe de família, saudável e forte, preparada para suportar as pressões do avassalador fluxo vital, é necessário então que ela, quando criança, brinque com suas bonecas, tome suas lições, desenvolva o seu corpo. Mas se, tendo em mente a idéia de que a maternidade é algo superior e mais nobre do que as simples brincadeiras de criança, esta maternidade for alcançada fora da época certa e de uma criança nascer outra criança, a criança sofrerá, a mãe sofrerá e a nação sofrerá, isto porque a época certa não foi levada em conta e a lei do desenvolvimento vital foi violada. Sofrimentos de toda sorte decorrem quando o fruto é colhido sem estar maduro.

Menciono esse exemplo porque ele é digno de nota. Através dele, poderão compreender por que o nosso próprio Dharma é melhor do que o Dharma perfeitamente cumprido de um outro, que no entanto não se encontra no domínio do nosso desenvolvimento vital. Pode ser que o futuro nos reserve uma posição assim elevada, mas é preciso que chegue a hora certa, que o fruto amadureça.

Se o colhermos sem que ele esteja maduro, o seu gosto somente nos irritará. Deixemo-lo na árvore, obedecendo à lei do tempo e à ordem evolutiva, e a alma crescerá ao ímpeto de uma vida infindável.

Isso fornece mais uma chave para o nosso problema: a função está em relação direta com a faculdade. A função que é exercida antes de a faculdade se encontrar desenvolvida é algo extremamente pernicioso para o organismo. Aprendamos, pois, a ter paciência e a nos conformarmos com a Boa Lei. Podemos julgar o progresso de um homem pela sua boa-vontade de agir conforme à natureza e submeter-se à lei. Eis porque se se refere ao Dharma como a uma lei, e às vezes como um dever, pois ambas as idéias têm por raiz comum o princípio de que o Dharma é a natureza interior num dado momento da evolução e a lei que rege o período seguinte de desenvolvimento. Isso explica porque a moral é algo relativo, porque os deveres diferem para cada alma, segundo o estágio de sua evolução. Se aplicarmos isto às questões do bem e do mal, veremos que é possível resolver alguns dos mais sutis problemas de moral tratando-os de acordo com este princípio. Num universo condicionado, não existem o bem e o mal absolutos mas tão-somente o bem e o mal relativos. O absoluto não existe senão em Ishvara, e somente nele pode ser eternamente encontrado.

As diferenças são, pois, necessárias para a nossa consciência condicionada. Pensamos por diferenças, sentimos por diferenças e conhecemos por diferenças. É somente por meio das diferenças que nos sabemos homens vivos e pensantes. A unidade não deixa qualquer impressão sobre a consciência. Diferenças e diversidades, eis o que torna possível o crescimento da consciência. A consciência não-condicionada escapa à nossa compreensão. Podemos pensar apenas dentro dos limites do separado e do condicionado.

Podemos ver agora como as diferenças se manifestam na natureza, como o fator tempo intervém e como, embora todos tenhamos a mesma natureza e busquemos a mesma meta, verificam-se diferenças em cada um dos estágios da manifestação, e portanto nas leis apropriadas a cada estágio. Eis o que precisamos compreender esta noite, antes que passemos a tratar do complexo problema de como esta natureza interior se desenvolve. É um assunto realmente difícil, ainda que os mistérios que se apresentem pelo caminho da ação se façam esclarecer à medida que compreendermos a lei subjacente, à medida que reconhecermos o princípio da vida evolutiva.

Possa Ele, que à Índia concedeu o Dharma como seu traço distintivo, iluminar com Sua vida ascendente e imortal, com Sua luz fulgurante e inalterável, estas nossas mentes obscuras que desajeitadamente buscam intuir a Sua lei; pois somente se a Sua bênção recai sobre o suplicante que busca é que a Sua lei será entendida pela mente, que a Sua lei será gravada no coração.

EVOLUÇÃO

Vamos nos ocupar esta tarde da segunda parte do tema abordado ontem. Como podem lembrar, dividi o tema, por questões de comodidade, em três tópicos: Diferenças, Evolução e o problema do Bem e do Mal. Ontem, estudamos o problema das Diferenças — a razão pela qual pessoas diferentes possuem Dharmas diferentes. Permitam-me que eu lhes recorde a definição de Dharma por nós adotada: Dharma significa natureza interior, sendo esta caracterizada pelo estágio presente da evolução *mais* a lei de crescimento para o estágio seguinte da evolução. Pedirei a vocês que tenham essa definição sempre em mente, pois sem ela não serão capazes de aplicar o Dharma ao objeto do nosso estudo na terceira divisão do nosso assunto.

No tópico intitulado "Evolução", estudaremos a maneira pela qual o germe da vida evolui até a perfeita imagem de Deus, lembrando que já salientamos que essa imagem de Deus somente poderia ser representada pela totalidade dos inúmeros objetos que com seus detalhes compõem o universo, e que a perfeição das partes individuais dependia da integridade com que estas desempenhavam as funções que lhes cabiam no formidável conjunto.

Antes que possamos entender a evolução, faz-se necessário descobrir a sua origem e a sua causa — uma existência que se precipita na matéria, antes de evoluir rumo a toda espécie de complexos organismos. Partimos do princípio de que tudo procede e se encontra em Deus. Nada há no universo que se possa excluir d'Ele. Não há vida que não a Sua vida, não há força que não a Sua força, não há energia que não a Sua energia, não há forma que não a Sua forma — tudo resulta de Seu pensamento. É esse o nosso fundamento. É este o terreno em que nos devemos manter, ousando arcar com tudo o que uma tal posição implica. "A semente de todos os seres", afirma Shri Krishna, falando na qualidade de supremo Ishvara, "eis o que sou, ó Arjuna! E não há coisa, seja animada ou inanimada, que possa existir sem Mim". (*Bhagavad Gita,* x. 39.) Não temamos ocupar essa posição central. Não hesitemos, alegando a imperfeição das vidas em evolução, em tirar desta verdade todas as conseqüências a que ela nos possa levar.

Em um outro *shloka,* Ele afirma: "Sou a fraude do trapaceiro, o esplendor das coisas esplêndidas é o que sou". (x. 36.) Qual o sentido de palavras tão estranhas? Que explicação atribuir a esta frase que se parece a uma blasfêmia? Nesta passagem, não apenas encontramos enunciada esta posição, como também descobrimos que

Manu ensina uma verdade exatamente igual: "De Si mesmo Ele produz o universo". A vida que emana do Supremo se cobre de véus e mais véus de Maya e é sob eles que ela deverá desenvolver todos os atributos que contém em estado latente.

A primeira questão, então, é a seguinte: esta vida que emana de Ishvara, será que ela já não conteria em si mesma todas as coisas já desenvolvidas, todas as faculdades já manifestadas, todas as possibilidades já tornadas atualidades? A resposta a essa questão, tantas e tantas vezes expressa por símbolos, alegorias e palavras categóricas, é "Não". Ela contém tudo em potência, mas a princípio nada em ato. Ela contém tudo em germe, mas a princípio nada como organismo desenvolvido. É a semente que foi depositada nas gigantescas ondas da matéria, o germe somente a Vida do Mundo dá. Estes germes, que provêm da vida de Ishvara, desenvolvem — passo a passo, uma fase após outra, um degrau da escala após outro — todas as faculdades presentes no Pai gerador, nome que Ishvara se dá no *Gita*. Uma vez mais, afirma: "Meu ventre é Mahat-Brahma; aí eu deposito o germe; daí se origina a produção de todos os seres, ó Bharata. Seja qual for o ventre em que se formam os mortais, ó Kaunteya, o Mahat-Brahma será o seu ventre e eu o seu Pai gerador". (xiv. 3-4.) Dessa semente — desse germe que tudo contém em possibilidade mas nada ainda em ato — dessa semente deverá se desenvolver uma vida, estágio por estágio, cada vez mais alto, até que por fim se forme um centro de consciência capaz de expandir-se até a consciência de

Ishvara, sem no entanto deixar de ser um centro, capaz no entanto de vir a ser um novo Logos ou Ishvara, a fim de produzir um novo universo.

Consideremos mais detalhadamente essa vasta região do pensamento. A vida que se mescla à matéria, eis o nosso ponto de partida. Estes germes de vida, estas miríades de sementes, ou para usar a frase do Upanishad, estes inumeráveis clarões, emanam todos da Chama única que é o supremo Brahma. Tais sementes estão agora a ponto de manifestarem as suas qualidades. Estas qualidades são faculdades, mas faculdades que se manifestam através da matéria. Uma por uma, essas faculdades manifestar-se-ão — faculdades que são a vida de Ishvara, porém veladas por Maya. Nos primeiros estágios o crescimento é lento, invisível, como a semente que, oculta sob a terra, lança as suas raízes para baixo e o seu delicado talo para cima, a fim de que futuramente a arvorezinha possa surgir e crescer. Esta semente divina germina em silêncio e suas origens remotas ocultam-se nas trevas, como as raízes sob o chão.

Tais faculdades inerentes à vida, ou melhor, estas inumeráveis faculdades que Ishvara manifesta a fim de que o universo possa existir, estas miríades de faculdades são a princípio invisíveis no germe: neste, não há qualquer sinal de suas imensas possibilidades, nenhum vestígio do que ela virá a ser. Há, a respeito desta manifestação na matéria, um dito capaz de lançar muita luz sobre o assunto, se formos capazes de compreender o seu sentido implícito e sutil. Shri Krishna, falando de Seu Prakriti inferior ou manifestação inferior, afirma: "Terra, água, fogo, ar, éter, Manas e também Buddhi e Ahamkara — são estas as oito divisões de que se compõe o Meu Prakriti. Esta é a inferior". A seguir, define o Seu Prakriti superior: "Conheça o Meu outro Prakriti, o superior, o elemento vital, ó tu que poderosamente armado sustentas o universo". (vii. 4, 5.) A seguir, um pouco mais adiante, separado por muitos *shlokas,* de tal forma que o elo de ligação às vezes se perde, outras palavras são ditas: "Esta divina Maya, que é a minha, formada pelos *gunas,* é de difícil entendimento; os que vêm a Mim somente é que podem penetrar nesta Maya". (vii. 14.) Este Yoga-Maya é realmente difícil de ser entendido; envolto que está em Maya, muitos não o descobrem, tal a dificuldade de compreendê-lo, tal a dificuldade de descobri-lo. "Os que estão desprovidos de Buddhi pensam em Mim, que não me manifesto, como se eu possuísse alguma manifestação; não conhecendo a Minha natureza suprema, imperecível, mui excelsa. E ninguém me descobre, envolto em meu Yoga-Maya." (vii. 24, 25.) A seguir, ele declara ainda que é de Sua vida não-manifesta que o universo se acha impregnado. O elemento vital, ou Prakriti superior, é o não-manifesto, o Prakriti inferior é o manifesto. Então, Ele diz: "Do não-manifesto é que tudo o que é manifesto mana ao nascer o dia; à chegada da noite, tudo se dissolve, até mesmo no que se chama de não-manifesto". (viii. 18.) Isso se repete muitas e muitas vezes. Mais adiante, Ele afirma: "E em verdade todavia existe, para lá desse não-manifesto, um outro não-manifesto, eterno, o qual, em meio à destruição de todos os seres, não é destruído". (viii. 20.) Existe uma distinção sutil entre Ishavara e a Sua própria imagem, por ele exteriorizada. A imagem é o reflexo do não-manifesto, mas Ele próprio é o não-manifesto superior, o eterno que nunca é destruído.

Entendido isso, passemos a tratar das faculdades. Aqui principiamos realmente a nossa evolução. O fluxo vital se mesclou à matéria a fim de que a semente possa se manter em condições materiais capazes de tornar a evolução possível. É quando chegamos ao princípio da germinação da semente que as nossas dificuldades começam. Pois é necessário que remontemos, em pensamentos, até o tempo em que nenhuma razão havia neste eu embrionário, nem poder de imaginação nem memória, nem juízo, nem qualquer das faculdades condicionadas da mente que conhecemos; quando todas as formas de vida eram como aquelas que encontramos no reino mineral, com as mais baixas condições de consciência. Os minerais manifestam consciência por meio de suas atrações e repulsões, pela coesão de suas partículas, por suas simpatias e antipatias recíprocas, porém eles não apresentam qualquer traço dessa consciência que se possa exprimir pelo sentimento de um "eu" e de um "não-eu".

Em cada uma destas formas elementares do reino mineral, começa a desenvolver-se a vida de Ishvara. Aí se encontra não apenas o germe da vida, a desenvolver-se, como também Ele, com toda a Sua força e poder, se faz presente, em cada átomo de seu universo. É sua a vida movente que torna a evolução inevitável. É sua a força que dilata suavemente as paredes da matéria, com imensa paciência e diligente amor, a fim de que elas não cedam ante tamanha pressão. Deus, ele próprio o Pai da vida, encerra essa vida em si mesmo como uma Mãe, desenvolvendo a semente à Sua semelhança, sem jamais se impacientar, sem jamais se precipitar, pronto a prover o pequeno germe, das eras sem fim, com todo o tempo de que ele venha a necessitar. O tempo nada é para Ishvara, pois Ele é eterno e para Ele tudo é. É a perfeição da manifestação o que Ele procura, daí não haver qualquer pressa em seu trabalho. Mais adiante veremos como esta infinita paciência atua. O homem, destinado a ser a imagem de seu Pai, reflete em si mesmo o Eu junto de quem ele forma um só e de quem ele provém.

A vida precisa ser despertada, mas como? Por meio de golpes, de vibrações, a essência interior é chamada à ação. A vida é incitada à ação por vibrações que a atingem de fora. Estas miríades de sementes da vida, inconscientes ainda, envoltas na matéria, são lançadas umas contra as outras em meio à miríade de processos que ocorrem na natureza; a "natureza" é, no entanto, apenas a vestimenta de Deus, apenas a manifestação mais baixa por que Ele se exprime no plano material. Estas formas se entrechocam, abalando assim os invólucros exteriores da matéria que envolvem a vida, e esta, então, do lado de dentro, responde com um estremecimento aos golpes sofridos.

A natureza do golpe não tem nenhuma importância. Importa, sim, antes de mais, que o golpe seja forte.

Todas as experiências são úteis. Tudo aquilo que atinja o invólucro com violência tal que a vida em seu interior reaja com um tremor, é só o que se necessita a princípio. É preciso que, a partir de dentro, a vida estremeça, pois assim uma faculdade nascente qualquer poderá despertar. A princípio, tudo não passa de um estremecimento interior, nada mais que um estremecimento, sem maiores conseqüências sobre o invólucro exterior. Mas como os golpes se sucedem uns aos outros e as vibrações às vibrações, produzindo tremores como que de terremotos, a vida envia de dentro, através do próprio invólucro que a envolve, uma resposta sob forma de palpitação. O golpe provocou uma resposta. Um outro estágio é assim alcançado — a resposta irrompe da vida oculta e sai do invólucro. Isso é o que se passa nos reinos mineral e vegetal. No reino vegetal, as respostas às vibrações provocadas por este contato provam que a vida possui uma nova faculdade: a sensação. A vida começa a revelar em si própria aquilo que chamamos "sentimento"; isto é, diferentes respostas ao prazer e à dor. O prazer é algo fundamentalmente harmonioso. Tudo o que proporciona prazer é harmonioso. Tudo o que causa dor é dissonante. Pensemos na música. As notas harmônicas, reunidas num mesmo acorde, proporcionam ao ouvido uma sensação de prazer. Mas se ferirmos as cordas com os dedos sem prestarmos atenção às notas, produziremos dissonâncias que farão sofrer o ouvido. Aquilo que vale para a música vale também para tudo o mais. A saúde é harmonia, a doença é dissonância. A força é harmonia, a fraqueza é dissonância.

A beleza é harmonia, a feiúra é dissonância. Por toda a natureza, o prazer significa a resposta de um ser sensitivo às vibrações harmoniosas e rítmicas, e a dor a resposta às vibrações dissonantes e disrítmicas. As vibrações rítmicas formam um canal exterior através do qual a vida pode se expandir, sendo o "prazer" essa corrente que o atravessa; as vibrações disrítmicas obstruem os canais e impedem o fluxo, sendo a "dor" esse impedimento.[1] O fluxo da vida em direção aos objetos é o que denominamos "desejo"; por essa razão, o prazer torna-se a gratificação do desejo. Essa distinção começa por se fazer sentir no reino vegetal. Sobrevém um golpe harmonioso. A vida responde a ele por intermédio de vibrações harmoniosas e se expande, sentindo nessa expansão "prazer". Sobrevém um outro golpe, dissonante agora. A vida responde a ele com uma dissonância, se reprime e nessa repressão sente "dor". Os golpes sucedem-se uns aos outros e somente após terem se repetido um sem número de vezes é que começam por despertar nesta vida cativa um sentimento de distinção entre o prazer e a dor. Somente através de diferenciações é que a nossa consciência, tal como se acha estruturada, é capaz de distinguir os objetos uns dos outros. Tomemos um exemplo bastante simples. Na palma da mão aberta temos uma moeda; fechamos

---

[1] O estudante deve deduzir todas as implicações deste princípio fundamental; assim fazendo, conseguirá esclarecer consideravelmente as suas idéias.

a mão: sentimos a moeda; à medida, no entanto, que a pressão aumenta continuamente, a sensação de contato desaparece da mão e não sabemos mais se ela está vazia ou não. Ao movermos um dedo, voltamos a sentir a moeda; se a nossa mão permanece imóvel, a sensação desaparece. Assim, a consciência só pode vir a conhecer as coisas através de diferenciações. Quando a diferença é eliminada, a consciência deixa de reagir.

Passemos agora à faculdade seguinte, que se manifesta à medida que a vida evolui pelo reino animal. O prazer e a dor são agora sentidos intensamente e um germe de reconhecimento, ligando objetos e sensações, principia; nós o denominamos "percepção". O que significa essa palavra? Significa que a vida desenvolve a faculdade de estabelecer um vínculo entre o objeto que a impressiona e a sensação por meio da qual ela reage ao objeto. Quando esta vida nascente, ao entrar em contato com um objeto externo, reconhece neste um objeto que proporciona prazer ou dor, dizemos então que o objeto foi percebido e que a faculdade de percepção, ou o estabelecimento de vínculos entre os mundos interno e externo, já se acha desenvolvida; as faculdades mentais começam então a germinar e a crescer no interior desse organismo; podemos encontrá-las nos animais superiores.

Tomemos como exemplo o selvagem, o que nos permitirá vencer com mais rapidez estes estágios preliminares. Nele encontramos a consciência do "Eu" e do "não-Eu" estabelecendo-se lentamente, se desenvolvendo conjuntamente. O "não-Eu" o afeta e o "Eu" o sente;

o "não-Eu" lhe proporciona prazer e o "Eu" o sente; o "não-Eu" lhe causa dor e o "Eu" a sofre. Estabelece-se então uma distinção entre o sentimento, intuído como "Eu", e tudo o que passa por ser a sua causa, intuído como "não-Eu". Aqui principia a inteligência e começa a desenvolver-se a raiz da autoconsciência. Ou seja, forma-se um *centro* para o qual tudo converge e do qual tudo provém.

Referi-me à repetição das vibrações e esta repetição produz agora resultados mais rápidos. Na medida em que a repetição funda a percepção dos objetos que proporcionam prazer, passa-se ao estágio seguinte, a expectativa de prazer antes que o contato tenha se verificado. O objeto é reconhecido como aquele que proporcionou prazer em situações anteriores; espera-se uma repetição daquele prazer e essa expectativa é o despertar da memória e o princípio da imaginação, o entrelaçamento do intelecto com o desejo. Porque o objeto proporcionou prazer uma vez, espera-se que ele torne a fazê-lo. Assim, esta espera faz com que se manifeste o germe de uma outra faculdade da mente. Quando se dá o reconhecimento do objeto e a expectativa de prazer quanto ao seu retorno, o estágio seguinte é a formação e a animação de uma imagem mental desse objeto — a sua recordação —, dando origem assim a uma efusão do desejo, desejo de possuir esse objeto, anseio por esse objeto, e, finalmente, a resolução de buscar esse objeto que proporciona sensações de prazer. Assim, o homem se torna cheio de desejos ativos. Ele deseja o prazer e é movido a buscá-lo pela mente. Por muito tempo ele permanecera no estágio animal, quando jamais saía em busca de uma coisa sem que uma sensação real originada no interior de seu corpo fizesse com que ele desejasse aquilo que somente o mundo exterior poderia satisfazer. Recuemos, por um momento apenas, até esse estágio animal; pensemos no que impele o animal a agir: o desejo imperioso de se ver livre das sensações desagradáveis. Ele sente fome, deseja o alimento, sai em busca dele; ele tem sede, deseja saciá-la, sai em busca de água. Assim, ele sempre sai em busca do objeto capaz de satisfazer o seu desejo. Uma vez assegurada a satisfação do seu desejo, ele se aquietará. Não há qualquer movimento espontâneo no animal. O estímulo precisa vir de fora. A fome, certamente, se faz sentir dentro do corpo, mas fora do centro de consciência. A evolução da consciência pode ser medida pelo grau com que o estímulo externo à ação tende ao estímulo espontâneo. A consciência inferior é estimulada à ação por influências exteriores a ela. A consciência superior é estimulada à ação por um movimento iniciado em seu próprio interior.

Assim, ao estudarmos o caso do selvagem, constatamos que a satisfação do desejo é a lei do seu progresso. Isso pode parecer estranho a muitos de vocês. Manu diz: procurar livrar-se dos desejos satisfazendo-os é como tentar tapar o sol com a peneira. O desejo deve ser contido e refreado. O desejo deve ser completamente extinguido. Isso é mais do que certo, mas apenas quando o indivíduo já atingiu um certo estágio da evolução. Nos primeiros estágios, a satisfação dos desejos é a condição da evolução. Se ele não satisfaz os seus desejos, não haverá progresso possível para ele. Devemos notar que nesse estágio nada há que se possa chamar de moral. Não há qualquer distinção entre o bem e o mal. Todo desejo deve ser satisfeito; quando este centro de consciência recém-formado busca a satisfação dos seus desejos, somente então é que ele passa a crescer. Nesse estágio inferior, o Dharma do selvagem, ou do animal superior, lhe é imposto. Não há escolha; a sua natureza interior, determinada pelo desenvolvimento do desejo, exige a satisfação. A lei do seu crescimento é a satisfação destes desejos. Desse modo, pois, o Dharma do selvagem é a satisfação de todos os desejos. E nele não encontramos nenhuma consciência do que é bem e mal, nem a mais vaga noção de que a satisfação dos desejos é proibida por alguma lei superior.

Sem essa satisfação dos desejos, não poderia haver crescimento possível. Crescimento esse que deve preceder o despertar da razão e do juízo e o desenvolvimento das faculdades superiores da memória e da imaginação. Tudo isso se origina da satisfação dos desejos. A experiência é a lei da vida, a lei do crescimento. Sem acumular experiências de todos os tipos, ele não chegará a saber que vive num mundo submetido à Lei. São duas as maneiras por que a lei acha de se impor aos homens: o prazer, quando a lei é observada, e a dor, quando a lei é contrariada. Se nesse estágio primitivo os homens não passassem por toda a sorte de experiências, como chegariam eles a conhecer a Lei? Como poderiam chegar a discriminar o que é bom do que é ruim sem que tivessem experimentado ambos, tanto o bem como o mal? Um universo jamais chegaria a existir se não fosse pelos opostos, e estes, em determinado estágio, manifestam-se para a consciência sob a forma de bem e mal. Não se pode conhecer a luz sem a treva, o movimento sem o repouso, o prazer sem a dor; da mesma forma, não se chega a conhecer o bem que é a harmonia com a Lei sem conhecer o mal que é a discordância com ela. O bem e o mal são opostos que caracterizam um período mais avançado da evolução humana, e a menos que experimente ambos o homem não se tornará consciente da diferença existente entre um e outro.

Ocorre, então, uma mudança. O homem desenvolveu um certo poder de discriminação. Inteiramente abandonado a si mesmo, ele chegará com o tempo a saber que certas coisas o favorecem, que certas coisas o fortalecem, que certas coisas animam a sua existência, como também que outras coisas o enfraquecem e diminuem a sua existência. A experiência o ensinará tudo isso. Entregue unicamente ao aprendizado da experiência, ele chegará a distinguir o bem e o mal, a identificar as sensações agradáveis que favorecem a vida com o bem e as sensações desagradáveis que diminuem a vida com o mal, até concluir que toda felicidade e crescimento se originam da obediência à Lei. Mas essa inteligência recém-desperta ainda levará muito tempo para comparar entre si as experiências de dor e de prazer e as experiências confusas em que aquilo que a princípio proporcionou prazer acaba, pelo excesso, por redundar em dor, e então deduzir delas o princípio da lei. Será preciso muito tempo ainda para que ele passe por inúmeras experiências e deduza delas a idéia de que tal coisa é boa, tal coisa é má. Mas ele não é deixado sem ajuda para fazer essa dedução. Eis que chegam a ele, de mundos do passado, Inteligências mais evoluídas que a sua, Mestres que vêm auxiliar a sua evolução, orientar o seu crescimento, dizer-lhe de uma lei capaz de conduzir mais rapidamente a sua evolução, aumentar a sua felicidade, a sua inteligência e a sua força. Na verdade, a revelação que provém da boca de um Mestre apressa a evolução do homem, ao invés de deixá-la entregue aos lentos ensinamentos da experiência, pois a expressão da lei, vinda da boca de um superior, destina-se a auxiliar o seu crescimento.

O Mestre surge e diz a essa inteligência nascente: "Se matares aquele homem, estarás cometendo um ato que eu proíbo por autoridade divina. Este ato é *mau*. Ele trará a desgraça". O Mestre diz: "É um *bem* socorrer o faminto; aquele homem faminto é teu irmão; dê-lhe de comer; não deixe que ele passe fome; reparta com ele o que possuis. Este ato é *bom*, e se obedeceres a essa lei, somente o bem ocorrerá a ti". Recompensas associadas aos atos são oferecidas para atrair a inteligência nascente para o bem, castigos e ameaças para afastá-la do mal. A prosperidade terrestre está associada à obediência da lei, a desgraça terrestre à desobediência da lei. Esta proclamação contida na lei, ou seja, de que a desgraça segue-se à desobediência da lei e a felicidade ao seu cumprimento, estimula a inteligência nascente. Se alguém desrespeita a lei, o castigo sobrevém, e com ele o sofrimento; diz a pessoa, então: "O Mestre havia me advertido". A recordação de uma ordem comprovada pela experiência produz sobre a consciência um efeito muito mais forte e rápido do que teria produzido a experiência apenas, sem a lei revelada. A proclamação disso que os sábios denominam os princípios fundamentais da moral, a saber, que certa espécie de atos retardam a evolução e outra espécie de atos apressam-na, essa proclamação atua como um grande estímulo para a inteligência.

Se um homem se recusa a obedecer a lei proclamada, então só lhe restará o árduo aprendizado da experiência. Se ele disser: "Quero ter este objeto, embora a lei o proíba", então só lhe restam os ríspidos ensinamentos da dor, e o açoite do sofrimento ensinar-lhe-á a lição que ele não quis aprender dos lábios do amor.

Isso é bastante freqüente em nossos dias. Quantas vezes um jovem convencido e inclinado à polêmica deixa de ouvir a lei, deixa de ouvir os mais experientes, deixa de dar valor às lições do passado? O desejo supera a inteligência. Seu pai tem o coração amargurado. "Meu filho se deixou arrastar pelo vício", diz ele; "meu filho está seguindo o caminho do mal. Eu lhe ensinei a se comportar bem, mas veja, ele se transformou num mentiroso; meu coração está dilacerado por causa de meu filho". Mas Ishvara, Pai mais terno que todos os pais da terra, tem paciência, pois está presente tanto no filho como no pai. Ele está no filho e o ensina da única maneira por que esta alma consente em aprender. Da autoridade ou da experiência ele nada aprenderia. Custe o que custar, o desejo do mal que impede a sua evolução deverá ser extirpado dele. Se se nega a aprender pelo bem, que aprenda então pela dor. Que aprenda pela experiência, mergulhando no vício para experimentar em seguida a dor amarga que advém por ter pisoteado a lei. Não há pressa; ele aprenderá a lição com toda a certeza, embora dolorosamente. Deus está presente nele e mesmo Ele deixa que prossiga por este caminho; mais ainda, chega até mesmo a alargar o caminho pelo qual ele deverá passar; diante da insistência do jovem, Deus replica: "Meu filho, se não queres me ouvir, sigas o teu próprio caminho e aprendas a tua lição do fogo da agonia e da amargura da degradação. Ainda assim estarei contigo, velando por ti e por teus atos, porque sou o que cumpre a lei e o pai de tua vida. Aprenderás no limbo da degradação essa suspensão do desejo que não quiseste aprender com a sabedoria e o amor". É por isso que Ele diz no *Gita:* "Sou a fraude do trapaceiro". Pois ele está sempre a trabalhar pacientemente em vista do glorioso fim, por vias tortuosas se nos recusamos ao reto caminho. Incapazes de compreender essa infinita compaixão, nós O interpretamos mal, mas Ele prossegue a sua obra com a paciência da eternidade, a fim de que o desejo possa ser completamente extinto e o Seu filho venha a ser tão perfeito como o seu Pai nos céus.

Consideremos o estágio seguinte. Existem algumas grandes leis do crescimento que são gerais. Aprendemos a considerar certas coisas como certas e outras como erradas! Toda nação possui os seus próprios critérios morais. Somente uns poucos sabem como estes critérios se formaram e onde eles se mostram falhos. Para os casos mais comuns, estes critérios são razoavelmente válidos. A experiência dos povos levou à descoberta, orientada pela lei, de que algumas ações retardam a evolução, ao passo que outras aceleram-nas. A grande lei da evolução metódica que segue-se aos estágios iniciais é a lei das quatro fases sucessivas do desenvolvimento posterior do homem. Ela intervém após ter o indivíduo atingido um certo ponto, após ter passado pelo aprendizado mais elementar. Esta lei pode ser encontrada em todas as nações num dado momento da evolução, mas foi a Índia antiga que a proclamou como lei definitiva da vida evolutiva, como seqüência ordenada para o crescimento da alma, como o princípio subjacente por meio do qual o Dharma pode ser entendido e observado. O Dharma, recordemos, compreende dois elementos: a natureza interior e o ponto por ela alcançado, mais a lei de seu crescimento para o estágio seguinte. A revelação do Dharma ocorre para todos os homens. O primeiro Dharma é o do *serviço.* Pouco importa o país em que as almas tenham nascido, do momento em que elas superam os primeiros estágios a sua natureza interior exige a disciplina do serviço, sendo através do serviço que elas deverão aprender as qualidades necessárias ao crescimento no estágio seguinte. No estágio em questão, a faculdade de agir com independência é bastante limitada. Nesse estágio relativamente pouco adiantado, há uma tendência maior em ceder ao impulso externo do que manifestar um juízo sólido e preparar um determinado caminho a partir de dentro. Nesta classe, podemos contar todos aqueles que pertencem ao tipo do servidor. Recordemos as sábias palavras de Bhishma, quando diz que se as características de um Brahmana são encontradas em um Shudra e não são encontradas em um Brahmana, então esse Brahmana não é um Brahmana e esse Shudra não é um Shudra. Em outras palavras, as características da natureza interior distinguem o estágio de crescimento de uma alma e a identificam como pertencendo a uma ou outra das grandes divisões naturais. Quando a faculdade de iniciativa é reduzida, quando o juízo ainda não tem solidez, quando a razão é pobre e pouco desenvolvida, quando o Eu não tem ciência de seu destino elevado, quando ele é movido sobretudo pelo desejo, quando o seu crescimento está ainda condicionado pela satisfação da maioria, se não de todos os desejos, o Dharma desse indivíduo é o serviço e somente pelo seu cumprimento é que ele poderá seguir a lei de crescimento que lhe possibilitará alcançar a perfeição. Tal indivíduo é um Shudra, a despeito dos nomes que lhe são dados nos mais diversos países. Na antiga Índia, as almas que apresentavam características dessa espécie nasciam em classes conforme às suas necessidades, pois Devas presidia ao seu nascimento. Na era presente, entretanto, reina a confusão.

Qual é a lei de crescimento para esse estágio? Obediência, devoção, fidelidade. É essa a lei de crescimento para esse estágio. Obediência, pois o juízo não se acha ainda desenvolvido. Aquele cujo Dharma é o serviço tem de obedecer cegamente à pessoa a quem presta seus serviços. Não lhe cabe discutir as ordens superiores, nem verificar se elas são ou não sábias. Ele recebeu uma ordem para fazer uma determinada coisa e o seu Dharma é a obediência, única maneira pela qual ele será capaz de aprender. As pessoas hesitam diante deste preceito, mas ele é verdadeiro. Darei um exemplo que lhes será particularmente tocante — aquele de um exército, de um soldado raso sob as ordens de um Capitão. Se todos os soldados rasos submetessem ao seu próprio julgamento as ordens recebidas do General, se cada um deles dissesse: "Isso não é lá muito correto, pois a meu ver é aqui o lugar em que posso ser mais útil", o que seria do exército? O soldado raso seria fuzilado se não obedecesse, pois o seu dever é a obediência. Quando o nosso juízo é ainda inseguro, quando somos movidos sobretudo por impulsos externos, quando não conseguimos nos sentir felizes sem tumulto, barulho e grita à nossa volta, é porque o nosso Dharma é o do serviço, onde quer que tenhamos nascido, e podemos nos dar por felizes se o nosso karma nos propiciar as condições necessárias para que a disciplina nos forme.

Assim, o indivíduo aprende a se preparar para o estágio seguinte. E o dever de todos aqueles que detêm a autoridade é lembrar que o Dharma de um Shudra somente é cumprido quando ele se mostra obediente e fiel ao seu senhor, e não esperar que ele, ainda nessa etapa da evolução, demonstre virtudes mais elevadas. Exigir-lhe serenidade em meio ao sofrimento, pureza de intenções e poder de suportar as privações sem queixar seria exigir demais; pois se nós mesmos na maioria das vezes não demonstramos tais qualidades, como esperar encontrá-las naqueles que pertencem à classe que chamamos inferior? É dever do superior manifestar virtudes elevadas, mas ele não tem direito algum de exigi-las de seus subordinados. Se o servidor dá provas de fidelidade e obediência, seu Dharma pode ser considerado como tendo sido perfeitamente cumprido e as suas outras faltas não devem ser punidas, mas antes delicadamente apontadas pelo mestre, que assim fazendo estará educando essa alma mais jovem, pois a alma, quando criança, deve ser docemente conduzida pela estrada e não ter o seu crescimento interrompido por um tratamento severo, como geralmente ocorre.

A alma, então, tendo aprendido essa lição em muitos renascimentos, mostrou-se obediente à lei do crescimento e, por ter seguido o seu próprio Dharma, aproxima-se do estágio seguinte, no qual aprenderá pela primeira vez a se servir de seus poderes com o fim de adquirir riqueza. O Dharma dessa alma é, pois, desenvolver todas as qualidades que a essa altura se apresentam maduras para a evolução, qualidades que se manifestam ao se conduzir a vida de acordo com as exigências da natureza interior, isto é, assumindo uma das ocupações que o estágio em questão solicita, estágio em que a acumulação de riqueza é considerada um mérito. Pois em qualquer parte do mundo, o Dharma de um Vaishya é desenvolver certas faculdades. A faculdade da justiça, a eqüidade entre um homem e outro, o não se deixar levar pelo mero apelo do sentimento, o desenvolvimento de qualidades como a astúcia, a sagacidade e o justo equilíbrio entre deveres conflitantes, o pagamento justo pelo negócio justo, a agudeza de percepção, a frugalidade, a ausência de desperdício e extravagância, a cobrança a cada servidor do serviço que lhe cabe, o pagamento de salários justos, não mais do que justos porém — são estas as características necessárias ao seu desenvolvimento posterior. Para o Vaishya, é um mérito ser frugal, recusar-se a pagar mais do que deve, insistir em uma transação justa e correta. Tudo isso contribui para despertar as qualidades necessárias e capazes de conduzir à perfeição futura. Pode ser que nos estágios iniciais elas sejam às vezes desagradáveis, mas consideradas de um ponto de vista superior, elas constituem o Dharma de um determinado indivíduo, e se este não se cumpre sobrevirão defeitos de caráter que mais tarde prejudicarão a sua evolução. A liberalidade é com toda a certeza a lei que regula o seu crescimento ulterior, mas não a liberalidade da negligência ou da generosidade afetada. Ele deve acumular riquezas através da prática da moderação e do rigor, para então empregá-las em objetivos nobres, em pensões aos sábios, aplicá-las em empresas sérias e calculadas que visem ao bem público. Acumular com energia e perspicácia e gastar com liberalidade e cuidadosa discriminação, eis o Dharma de um Vaishya, a marca de sua natureza e a lei de seu crescimento posterior.

Isso nos conduz ao próximo estágio, aquele dos soberanos e guerreiros, das batalhas e combates, em que a natureza interior se manifesta combativa, agressiva, aguerrida, firme em seu posto e pronta a assegurar a cada um o gozo de seus direitos. A coragem, o destemor, a esplêndida generosidade, o sacrifício da vida na defesa dos fracos e no cumprimento do próprio dever — tal é o Dharma de um Kshattriya. É seu dever proteger o que lhe foi confiado de qualquer agressão exterior. Isso pode até mesmo custar-lhe a vida, mas jamais o deterá. Ele deve cumprir o seu dever. Proteger, zelar, eis a sua função. A sua força deve ser como uma barreira entre os fracos e os opressores, entre os desamparados e os que querem pisá-los. Para ele, nada mais correto do que fazer a guerra e lutar na selva contra as feras. Como não compreendemos o que é a evolução e a lei do crescimento, pode ser que nos espantemos diante dos horrores da guerra. Mas o grande Rishis, que assim dispôs, sabia que uma alma débil jamais alcança a perfeição. Não podemos nos tornar fortes se não tivermos coragem, e coragem e firmeza não se adquirem sem que nos defrontemos com o perigo, sem que achemos em nós a disposição de renunciar à vida quando o dever exige o sacrifício.

O falso moralista, sentimental e suscetível, recusa esse ensinamento. Esquece-se, porém, de que em todas as nações há almas que têm necessidade de um tal adestramento e cuja evolução posterior depende do sucesso alcançado nessa fase. Volto a invocar Bhishma, a personificação do Dharma, e recordo o que ele disse, que é dever do Kshattriya imolar até mesmo milhares de inimigos, caso seu dever de proteção assim exigir. A guerra é horrível, seus combates impressionantes, os nossos corações protestam contra ela e recuamos ante o aflitivo espetáculo de corpos mutilados e despedaçados. Isso se deve, em grande parte, ao fato de sermos inteiramente ludibriados pela ilusão da forma. O corpo tem como única função tornar possível o desenvolvimento da vida que há em seu interior. Esta, no entanto, a partir do momento em que tenha aproveitado tudo o que esse corpo lhe pode proporcionar, fará bem em deixá-lo ir, em deixar a alma livre a fim de que possa assumir um outro corpo que lhe possibilitará desenvolver faculdades mais elevadas. Não há como apreendermos a Maya do Senhor. Estes corpos que são os nossos podem perecer de tempos em tempos, mas toda morte é ressurreição para uma existência superior. O corpo não é, propriamente, mais do que uma vestimenta com que se cobre a alma, tanto assim que sábio algum o desejaria eterno. Cobrimos nossos filhos, quando pequenos, com uma roupinha miúda, a qual trocamos à medida que crescem. Será que chegaríamos, no entanto, a lhes dar roupas de ferro e assim coibir o seu crescimento? Assim também, o corpo é a nossa vestimenta. Será preciso que ele seja de ferro para que jamais pereça? Não terá a alma necessidade de um novo corpo a fim de aprimorar o seu crescimento? Deixemos que o corpo se vá. É esta a dura lição que o Kshattriya aprende ao renunciar à existência corpórea, renúncia esta que possibilitará à alma adquirir a faculdade de auto-sacrifício, a resignação, a firmeza, a coragem, a habilidade, a consagração a um ideal, a lealdade a uma causa, e em troca de tudo isso o

Kshattriya cede alegremente o seu corpo, e a sua alma ascende em triunfo e se prepara para uma existência mais sublime.

Segue-se, então, o último estágio, o estágio do ensinamento. O Dharma desse estágio é ensinar. A alma deve ter assimilado todas as experiências inferiores antes que possa ensinar. Se ela não tiver passado por todos os estágios precedentes e não tiver alcançado a sabedoria através da obediência, da aplicação e da luta, como poderíamos chegar a ensinar? O indivíduo atingiu aquele estágio da evolução em que a expansão espontânea de sua natureza interior o impele a ensinar seus irmãos mais ignorantes. Estas qualidades não são artificiais. São qualidades inatas, que se manifestam onde quer que existam. Um Brahma não é um Brahma se o seu Dharma não o torna um mestre. Ele adquiriu conhecimentos e teve um nascimento propício para vir a ser mestre.

A lei do seu crescimento é o conhecimento, a piedade, o perdão, a amizade por todas as criaturas. Como mudou o seu Dharma! Mas ele não poderia ter se tornado amigo de todas as criaturas se ele não tivesse antes aprendido a renunciar à sua vida quando o dever o chamou, sendo que até mesmo a própria guerra contribuiu para que o Kshattriya se tornasse, numa etapa posterior, amigo de todas as criaturas. Qual é a lei de crescimento de um Brahmana? Jamais pecar. Jamais perder o autocontrole. Jamais se mostrar precipitado. Mostrar-se sempre doce, pois do contrário ele estará negando o seu Dharma. Ser completamente puro. Viver sempre de maneira digna. Distanciar-se das coisas mundanas, se estas exercem alguma influência sobre si. Será que estou a proclamar um ideal impossível? Não faço mais do que enunciar a lei como a enunciaram os Grandes, não passsando as minhas palavras de um eco enfraquecido das suas. Foi a própria lei que determinou este ideal. Quem se atreverá a revogá-la? Se o próprio Shri Krishna o proclamou como sendo o ideal do Brahmana, este ideal também deve ser a lei do seu crescimento, sendo a finalidade deste a liberação. Pois ele próprio carrega a liberdade, faltando-lhe demonstrar as qualidades adquiridas e seguir o sublime ideal de seu próprio Dharma para torná-la uma realidade. Somente cumprindo estas condições é que ele poderá ostentar o nome de Brahmana.

Este ideal é de tal forma maravilhoso, que todos os homens sérios e inteligentes aspiram alcançá-lo. Mas a sabedoria intervém e diz: "Sim, ele será teu, mas terás que merecê-lo. Deverás crescer e trabalhar; em verdade, ele será teu, mas não antes que tenhas pago seu preço". É importante, para o nosso próprio crescimento e para o crescimento de todas as nações, que esta distinção entre os Dharmas seja entendida como dependente do estágio da evolução, e que sejamos capazes de reconhecer o nosso próprio Dharma a partir das características que distinguimos em nossa natureza. Se apresentamos a uma alma despreparada um ideal que, de tão sublime, não chega sequer a motivá-la, estamos impedindo a sua evolução. Se apresentamos a um homem rústico o ideal de um Brahmana, estamos a lhe oferecer um ideal impossível, em razão do quê ele permanecerá indiferente. Quando apresentamos a um homem algo que se encontra muito além das suas possibilidades, ele nos achará insensatos, pois o incentivamos a realizar aquilo que ele não tem condições de realizar; lhe fornecemos, irrefletidamente, móveis incapazes de motivá-lo. Mais sábios eram os mestres de antigamente. Ofereciam às crianças primeiramente guloseimas e somente em seguida os ensinamentos mais difíceis. Nós, porém, nos achamos tão espertos que nos dirigimos ao pior dos pecadores com argumentos capazes de sensibilizar somente o melhor dos santos, e, assim, em vez de favorecer, impedimos a sua evolução. Situemos tão alto quanto possamos o nosso próprio ideal, sem no entanto impô-lo ao nosso irmão, que este pode ter uma lei de crescimento inteiramente diversa da nossa. Aprendamos a tolerância capaz de ajudar os homens a fazerem por si mesmos o que é melhor para eles, o que a sua natureza lhes dita fazer. Deixando-os entregues a si próprios, ajudemo-los. Aprendamos essa tolerância que não é repelida por ninguém, por mais pecador, e que enxerga em cada um dos homens uma divindade em ação e se coloca ao seu lado para ajudá-lo. Ao invés de nos retirarmos para uma torre de marfim espiritual, ao invés de pregarmos uma doutrina de auto-sacrifício inteiramente além dos limites de sua compreensão, usemos, para educar-lhe a alma, o seu egoísmo superior contra o inferior. Não se diga ao pobre de espírito que se ele não se mostrar trabalhador estará traindo o seu ideal; diga-se antes: "Eis aí tua esposa; tu amas esta mulher; ela está passando fome.

Que te ponhas a trabalhar e lhe dê o que comer". Através desse pretexto, certamente egoísta, contribuímos mais para soerguer esse homem do que se ficássemos a dissertar para ele acerca de Brahma, do imponderável e do incondicionado. Aprendamos o significado do Dharma e seremos úteis ao mundo.

Não tenciono diminuir em nada o seu próprio ideal; não se pode almejar tão alto. O simples fato de que podem concebê-lo é uma garantia de que poderão alcançá-lo, mas nem por isso ele terá de ser o mesmo que o de teu irmão mais jovem e menos experiente. Há que se desejar o que de mais sublime se possa imaginar e amar. Ao fazê-lo, entretanto, é preciso levar em conta tanto os meios como os fins, nossas faculdades tanto como as nossas aspirações. Nossas aspirações devem ser as mais elevadas. Elas serão germes de novas faculdades na existência futura que nos aguarda. Tendo sempre algo de elevado como ideal, nos aproximaremos dele e o que hoje desejarmos será o que amanhã seremos. Mas é preciso que saibamos a tolerância do conhecimento e a paciência, que é divina. Tudo o que está no seu próprio lugar está no lugar certo. À medida que a natureza superior se desenvolve, pode-se recorrer às qualidades de auto-sacrifício, pureza e autodevoção total, com a vontade constantemente fixada em Deus. É esse o ideal que buscam os homens superiores. Aproximemo-nos dele aos poucos, a fim de que não percamos de vista a nossa meta.

O BEM E O MAL

Nos dois últimos dias do nosso curso, voltamos a nossa atenção e fixamos o nosso pensamento naquilo que, em boa parte, eu chamaria de o lado teórico deste difícil e complexo problema. Tentamos compreender como se verificam as diferenças de natureza. Tentamos intuir a sublime idéia segundo a qual este mundo está fadado a se desenvolver partindo do simples germe da vida doado por Deus, até igualar a imagem d'Aquele de quem proveio. A perfeição dessa imagem, como vimos, somente pode ser alcançada por meio da multiplicidade de objetos finitos, consistindo a perfeição nesta multiplicidade; mas também vimos que esta mesma multiplicidade estava necessariamente implicada na limitação de cada objeto. Em seguida constatamos que, em virtude da lei de crescimento, deve haver a um só tempo no universo diversas espécies de natureza interior em evolução. Como tais naturezas acham-se todas em uma etapa diferente da evolução, não podemos exigir o mesmo de cada uma delas, nem esperar que desempenhem todas as mesmas funções. A moral deve ser estudada do ponto de vista de quem vai praticá-la. Ao se decidir o que é bom ou mal para um determinado indivíduo, deve-se levar em conta o estágio de crescimento alcançado pelo indivíduo em questão. O bem absoluto existe somente em Ishvara; o certo e o errado que nos cabem são relativos e dependem do estágio da evolução alcançado por cada um.

Esta tarde, vou tentar aplicar semelhante teoria à conduta da vida. Devemos verificar se, com a direção que imprimimos aos nossos estudos, chegamos a uma concepção racional e científica da moral, a fim de que não mais soframos os efeitos da confusão que se observa hoje em dia. Se, por um lado, sabemos que os ideais são arvorados como sendo aquilo que se deve buscar reproduzir na vida, por outro descobrimos que há uma enorme incapacidade de sequer tomá-los por ideais; constatamos uma divergência das mais penosas entre a fé e a sua prática. A moral nada é sem as suas leis; como tudo o mais num universo que é expressão da mente divina, a moral também apresenta as suas condições e limitações. Desse modo, não se deve descartar a possibilidade de ver surgir um cosmos do atual caos moral e aprender ensinamentos práticos de moral, o que permitirá à Índia crescer, se desenvolver, tornar-se de novo um exemplo para o mundo, reproduzindo a sua antiga grandeza, manifestando uma vez mais a sua antiga espiritualidade.

Existem três escolas principais de moral entre os povos ocidentais. Devemos lembrar que o pensamento ocidental vem influenciando largamente a Índia, especialmente a nova geração, na qual se concentram as suas esperanças. É preciso, todavia, saber alguma coisa a respeito destas escolas de moral existentes no Ocidente, as quais divergem por suas teorias e ensinamentos, quando mais não seja para aprender a evitar as suas limitações e a retirar delas o que de bom elas tenham a oferecer.

Uma destas escolas afirma que a revelação de Deus é a base da moral. A objeção contraposta a esta asserção é a de que nesse mundo existem muitas religiões e que cada religião possui a sua própria revelação. Em vista dessa variedade de escrituras religiosas, argumentam, torna-se difícil afirmar que apenas uma das revelações é que se deve considerar como fundada na autoridade suprema. Que cada religião considere a sua própria revelação como suprema é natural, mas como, nessa controvérsia, o estudante deverá tomar a sua própria decisão?

Diz-se também que há um defeito inerente a esta teoria, afetando todos os padrões morais assentados em uma revelação dada de uma vez por todas. Para que uma lei moral seja útil à época a que se destina, é preciso que ela possua uma natureza adequada a essa época. À medida que uma nação se desenvolve e atravessa milhares e milhares de anos, descobrimos que aquilo que se mostrava adequado à nação na sua infância já não é mais na maturidade; muitos preceitos que uma vez foram úteis já não se mostram como tais hoje em dia, quando são outras as circunstâncias do tempo. Nos deparamos com esta dificuldade e a reconhecemos ao lidar com as escrituras hindus, pois nelas encontramos uma ampla variedade de ensinamentos morais adequados a todas as etapas da evolução das almas. Há preceitos tão simples e claros, tão definidos e categóricos, que até mesmo a alma mais jovem pode aproveitá-los. Mas também descobrimos que os Rishis não viam estes preceitos como adequados à educação de uma alma altamente desenvolvida. Descobrimos também que, na Sabedoria Antiga, os ensinamentos eram transmitidos apenas a umas poucas almas evoluídas, ensinamentos a essa época absolutamente ininteligíveis para as massas. Tais ensinamentos eram restritos ao círculo fechado dos que haviam alcançado a maturidade da raça humana. A pluralidade das escolas de moral foi sempre tida pela religião hindu como necessária ao progresso humano. Mas sempre que, numa grande religião, esse princípio não é confirmado, observa-se uma certa moralidade teórica inadequada às crescentes necessidades do povo, seguindo-se daí, portanto, um certo sentimento de irrealidade, um sentimento de que não é mais razoável permitir agora o que se permitia na infância da humanidade. Por outro lado, encontra-se aqui e ali, em todas as escrituras, preceitos de um caráter tão elevado, que são poucos aqueles que se acham em condições não de observá-los, mas de tentar observá-los. Quando um mandamento apropriado a um semi-selvagem é declarado universalmente obrigatório, não obstante provir ele da mesma origem que o mandamento destinado ao santo e dirigir-se aos mesmos homens, insinua-se então um sentimento de irrealidade do qual resulta a confusão de idéias.

Uma outra escola baseia a moral na intuição, afirmando que Deus fala para todos os homens através da voz da consciência. Alega ela que a revelação atinge todas as nações, mas nem por isso estaríamos sujeitados a um livro especial; a consciência é o árbitro final. A objeção feita a esta teoria é a de que a consciência de um homem tem tanta autoridade quanto a de um outro. Se as nossas consciências diferenciam-se umas das outras, então quem poderá decidir entre uma consciência e outra, entre a consciência do pobre de espírito e a consciência do místico iluminado? Se declaramos admitir o princípio da evolução e que devemos tomar como juiz a mais alta consciência da raça, então a intuição não se sustenta como base sólida para a moral e a rocha sobre a qual pretendíamos edificar será destruída precisamente pelo fator variedade. A consciência é a voz do homem interior, daquele que recorda as experiências de seu passado, e, a partir dessa experiência imemorial, é capaz de julgar hoje uma determinada linha de conduta. A assim chamada intuição é o resultado de incontáveis encarnações; do número de encarnações depende a evolução de uma mentalidade que determina, para o homem presente, a qualidade da consciência; uma tal intuição não pode, pura e simplesmente, ser tomada como um guia seguro para as questões de moral. Necessitamos de uma voz imperiosa, não de uma confusão de línguas. Necessitamos da autoridade do mestre, não do palavrório confuso da multidão.

A terceira escola de moral é a escola do utilitarismo. A visão desta escola, tal como geralmente apresentada, não é razoável nem satisfatória. Qual é a máxima desta escola? "O bem é aquilo que contribui para a maior felicidade do maior número". Trata-se de uma máxima que não resiste à análise. Notem as palavras "maior número". Tal restrição faz dessa máxima algo que a inteligência iluminada deverá rejeitar. A maioria não vem ao caso, quando estamos a tratar da humanidade. Uma só vida é a sua raiz, um só Deus a sua meta; não se pode separar a felicidade de uma pessoa e outra. Não se pode romper a sólida unidade e, dirigindo-se para a maioria, conceder-lhe a felicidade, deixando de lado a minoria. Esta teoria não leva em conta a incontestável unidade da raça humana e, conseqüentemente, a sua máxima não se sustenta como uma base para a moral. Não se sustenta porque, em razão desta unidade, um homem não pode ser completamente feliz se todos os homens também não o forem. A sua felicidade deixa de ser completa quando um só ser é deixado à margem e se sente infeliz. Deus não faz distinções entre os indivíduos e os grupos, mas, ao contrário, concede uma só vida para a humanidade e para todas as criaturas. A vida de Deus é a única vida do universo; e a felicidade perfeita dessa vida é a meta do universo.

E novamente torna-se a verificar uma falha nesta máxima, considerada enquanto móvel propulsor, porque ela se dirige apenas às inteligências desenvolvidas, ou seja, às almas altamente evoluídas. Se nos dirigirmos ao homem comum do mundo, ao indivíduo egoísta, e dissermos a ele: "Você deve levar uma vida de auto-sacrifício, virtude e moral perfeitas, até mesmo se isso lhe custar a vida", o que podemos esperar como resposta? Tal indivíduo diria: "Por que deveria eu fazer isso em prol da raça humana, de pessoas do futuro a quem jamais verei?" Se tomarmos isso como um padrão para o bem e o mal, então o mártir se transforma no maior dos idiotas que a humanidade jamais produziu, já que ele joga fora a possibilidade de ser feliz sem nada pôr em seu lugar. Não se pode levar em consideração um tal critério, a não ser que o limitemos aos casos em que se tenha uma alma nobre, altamente desenvolvida e, ainda que não inteiramente espiritual, dotada de uma espiritualidade nascente. Há homens como William Kingdom Clifford, em cujas mãos a doutrina utilitarista sofreu uma sublime elevação de tom. Clifford, em seu ensaio sobre a Ética, invoca os ideais mais sublimes e proporciona as mais nobres lições de auto-sacrifício. E ele não tinha a menor crença na imortalidade da alma; avizinhando-se da morte, pôs-se ao lado do túmulo, acreditando que tudo terminava ali e predicando que a mais alta virtude era a única coisa que um homem verdadeiro poderia praticar, já que ele a devia a um mundo que tudo lhe havia proporcionado. Muito poucos, entretanto, seriam capazes de encontrar inspiração tão nobre em um panorama tão sombrio; necessitamos de uma visão do bem e do mal capaz de inspirar a todos, de comover a todos, e não apenas àqueles que menos necessitam de seu impulso.

O que restou de toda essa controvérsia? Confusão, se não algo pior. Uma aceitação meramente exterior da revelação, ao lado da sua desconsideração em termos práticos. Temos, na verdade, uma revelação modificada pelo uso. Eis aí o critério que sobra de toda essa confusão. A revelação é encarada teoricamente como autoridade, porém na prática ela é desconsiderada, visto que resulta muitas vezes imperfeita. Assim, achamo-nos em face de uma posição insustentável, ou seja, aquilo que é postulado como autoridade é rejeitado na vida, e então passa-se a viver uma existência ilógica, uma existência irrefletida, sem nenhuma lógica ou razão, sem ter por base nenhum sistema racional e definido.

Será que não encontraríamos nesta idéia do Dharma uma base mais satisfatória, uma base sobre a qual assentar de modo inteligente a conduta da vida? Por mais baixo ou mais alto que seja o estágio da evolução alcançado pelo indivíduo, a noção de Dharma nos possibilita a concepção de uma natureza interior que se desenvolve por si mesma no decorrer de seu crescimento; vimos que o mundo, em sua totalidade, é algo que evolui — que evolui do imperfeito para o perfeito, do germe para o homem divino, etapa por etapa, por todos os graus da vida manifesta. Essa evolução encontra a sua causa na vontade divina. Deus é a força motriz, o espírito que a tudo guia. É esta a Sua maneira de edificar o mundo. É este o método adotado por Ele para que os Espíritos que são Seus filhos possam reproduzir a imagem do Pai. Essa afirmativa não implicaria precisamente em uma lei? Ou seja, de que o bem é tudo aquilo que colabora com a vontade divina para a evolução do universo e impele essa evolução do imperfeito para o perfeito; de que o mal é aquilo que retarda ou frustra esse desígnio divino e tende a fazer com que o Universo regrida para um estágio anterior da evolução? A vida passa do mineral ao vegetal, do vegetal ao animal, do animal ao animal-homem, do animal-homem para o homem divino. O bem é tudo o que dirige a evolução rumo à divindade; o mal é tudo o que a faz regredir ou o que impede o seu progresso.

Se agora considerarmos por um momento essa idéia, talvez cheguemos a uma noção mais clara do que é essa lei e não mais nos preocuparemos quanto a esse aspecto relativo do bem e do mal. Imaginemos uma escada. Suponhamos que um de nós tenha subido nela cinco degraus, um outro dois degraus e que um terceiro tenha permanecido no chão. Para o que subiu cinco degraus, colocar-se junto do que subiu dois degraus seria o mesmo que descer; para o que ficou no chão, porém, seria subir. Suponhamos que cada degrau da escada representa uma ação: esta seria ao mesmo tempo moral e imoral, segundo o ponto de vista pelo qual a considerássemos. Um determinado ato pode ser considerado moral do ponto de vista de um estúpido, porém ele seria imoral do ponto de vista de um homem altamente cultivado. Para um homem situado no degrau mais alto da escada, descer até o mais baixo seria ir contra o sentido da evolução, sendo tal ação, portanto, imoral para ele; para outro, entretanto, passar do estágio mais inferior para esse primeiro degrau é moral, pois isso concorda com o sentido da sua evolução. Assim, pode ser que duas pessoas estejam no mesmo degrau da escada, mas se a primeira delas chegou até aí subindo e a segunda descendo, trata-se de uma ação moral para a primeira e imoral para a segunda. Uma vez compreendido isso, começaremos por descobrir a nossa lei.

Suponhamos dois jovens: o primeiro deles é esperto e inteligente, porém muito afeiçoado aos prazeres do corpo, do paladar, e a tudo o que lhe proporciona um gozo sensual. O outro jovem demonstra possuir uma espiritualidade nascente, é brilhante, ágil e inteligente. Suponhamos ainda um terceiro jovem, dotado de uma natureza espiritual consideravelmente desenvolvida. Temos então três jovens. A que incentivos devemos recorrer para ajudar a evolução de cada um? Comecemos pelo primeiro, aquele dado aos prazeres sensuais. Se eu lhe dissesse: "Meu filho, você deveria viver sem o menor egoísmo, você deveria levar uma vida ascética", ele encolheria os ombros e seguiria em frente, e eu não o teria ajudado a galgar um só degrau da escada. Se eu lhe dissesse: "Meu jovem, os teus prazeres são prazeres que só te proporcionam uma satisfação momentânea, eles arruinarão o teu corpo e destruirão a tua saúde; pense naquele homem precocemente envelhecido por uma vida de licença sexual; a sua sina será idêntica, se continuares a viver assim; não seria melhor que consagrasses uma parte do teu tempo à educação da mente, a fim de aprender algo, a fim de que sejas capaz de escrever um livro ou compor um poema, ou então se dedicar a alguma empresa? Pode ser que tu ganhes dinheiro e venhas a ter saúde e fama, e com isso poderás satisfazer a tua ambição; poupe uma rúpia de vez em quando para comprar um livro, ao invés de gastá-la com um jantar". Dirigindo-se a ele desse modo, eu o estimulo com a idéia de ambição; ambição egoísta, reconheço, mas é que ainda não existe nele a faculdade de responder ao chamado da renúncia. O móvel da ambição é egoísta, mas se trata de um egoísmo mais elevado que o do prazer sensual que o animava, além de contribuir, na medida em que lhe proporciona alguma orientação intelectual, para elevá-lo acima dos brutos, para situá-lo no mesmo nível daquele que está desenvolvendo o seu intelecto, e com isso ajudá-lo a subir mais na escala da evolução — este é um ensinamento mais sábio para ele do que a impraticável abnegação. Fornece-lhe não um ideal perfeito, mas um ideal na medida da sua capacidade.

No entanto, ao dirigir-me ao jovem dotado de uma espiritualidade nascente, devo apresentar-lhe o ideal de servir a pátria, de servir a Índia; devo fazer com que ele veja nisso o seu objetivo e a sua meta, mescla de egoísmo e desinteresse, aumentando assim a sua ambição e contribuindo para a sua evolução. E ao dirigir-me ao jovem que possui uma natureza espiritual, deixarei de lado todas as motivações inferiores, invocando, pelo contrário, a eterna lei do auto-sacrifício, a devoção à única Vida, a adoração aos Grandes e a Deus. Devo ensinar-lhe o Discernimento e a Imparcialidade, contribuindo assim para que a natureza espiritual desenvolva as suas infinitas possibilidades. Assim, compreendendo a moral como algo relativo, podemos efetivamente trabalhar. Se fracassamos ao ajudar as almas, seja qual for o seu nível, é porque somos mestres inexperientes.

Em todas as nações há determinadas coisas que se consideram males, como o assassinato, o roubo, a mentira, a mesquinharia. Tudo isso é tido por crime. Essa é a idéia corrente. Entretanto, ela não é inteiramente confirmada pelos fatos. Até que ponto, na prática, estas coisas são consideradas morais ou imorais? Por que são consideradas males? Porque as massas da nação alcançaram um certo estágio da evolução. Porque a maior parte da nação encontra-se quase no mesmo nível de crescimento e, por isso, considera essas coisas como males, como contrárias ao progresso. O resultado é que a minoria, situando-se abaixo desse estágio, é considerada como sendo formada por "criminosos". A maioria alcançou um estágio superior da evolução e é a maioria quem faz a lei; aqueles, então, que não conseguem atingir sequer os níveis inferiores da maioria são denominados criminosos. Dois tipos de criminosos apresentam-se à nossa consideração. Sobre o primeiro, não conseguiremos causar qualquer impressão apelando para o seu senso de bem e mal. O público ignorante refere-se a eles como criminosos consumados. Mas essa visão é equivocada e pode ter conseqüências lamentáveis. Pois eles não passam de almas ignorantes, ainda não crescidas, almas infantis, crianças na Escola da Vida, e não é pisando neles ou insistindo em maltratá-los ainda mais que os ajudaremos, sob o pretexto de que mal se diferenciam dos brutos. Devemos usar todos os meios à nossa disposição, tudo aquilo com que possa contribuir a nossa razão para orientar e educar essas almas infantis, discipliná-las para uma vida melhor; não os tratemos como criminosos acabados porque eles não passam de bebês em um berçário.

O outro tipo de criminoso é aquele que sente um tanto de remorso e arrependimento após o crime cometido, aquele que sabe ter agido erradamente. Eles se situam num nível superior e podem ser ajudados a resistir ao mal no futuro precisamente pelo sofrimento que lhes foi imposto pela lei humana. Falei da necessidade de toda a sorte de experiências a fim de que a alma possa discernir entre o bem e o mal. Necessitamos ter experiências do bem e do mal até que possamos distinguir um do outro, *porém não mais.* A partir do momento em que as duas linhas de ação se fazem distintas para nós e sabemos que uma delas é boa e a outra má e, então, escolhemos o mau caminho, estaremos cometendo pecado, estaremos contrariando uma lei que conhecemos e admitimos. O indivíduo que se acha nesse estágio comete pecado porque os seus desejos são fortes, impelindo-o a escolher o mau caminho. Ele sofre e é bom que sofra se ele se entrega a estes desejos. A partir do momento em que o conhecimento do mal intervém, ceder aos impulsos significa uma degradação deliberada. A experiência do mal somente é necessária quando o mal ainda não foi reconhecido como tal, somente para que se chegue a esse reconhecimento. Quando um indivíduo tem que optar entre duas condutas e lhe parece que ambas não são moralmente diferentes, então ele poderá adotar uma das duas sem nenhum risco de que venha a cometer um erro. Mas a partir do momento em que sabe que uma coisa é má, é uma traição a si mesmo permitir que o bruto sobrepuje o Deus que há nele. É isso que é em realidade o pecado; é essa a condição da maioria, embora não de todos os pecadores de hoje.

Dito isso, consideremos certas faltas um pouco mais de perto. Seja o caso do assassínio: descobrimos que o senso comum da comunidade faz uma distinção entre matar e matar. Se um indivíduo toma de uma faca em desespero e apunhala o seu inimigo, a lei o qualifica de assassino e o enforca. Se milhares de homens tomam de várias facas e apunhalam outros milhares de homens, esse modo de matar é então denominado guerra. A glória e não a punição aguarda quem assim mata. A mesma multidão que vilipendia o assassino de um só homem, aplaude os homens que mataram dez milhões de inimigos. Por que essa estranha anomalia? Como podemos explicá-la? Há algo que possa justificar semelhante reação da comunidade? Existe alguma distinção entre os dois atos que possa justificar a diferença de tratamento? Existe. A guerra é algo contra o qual a consciência pública se levanta cada vez mais, sendo este, aliás, um fato que deveríamos por sua vez levar em consideração. Mas se devemos fazer tudo o que estiver ao nosso alcance para impedir a guerra, para semear a paz e educar os nossos filhos no amor à paz, subsiste ainda assim uma distinção real entre a conduta daquele que mata por perversidade pessoal e a daquele que mata na guerra; esta diferença tem conseqüências tão profundas que vou me alongar um pouco mais sobre ela. No primeiro caso, um rancor pessoal é satisfeito e a satisfação é encontrada. No segundo, o indivíduo, ao matar outro, não está satisfazendo nenhum desejo pessoal, nem agindo por sua própria conta ou visando alguma vantagem pessoal. Estes matam-se uns aos outros em obediência a ordens que lhes foram ditadas por seus superiores, aos quais cabe a responsabilidade pela legitimidade da guerra. Por toda a minha vida, preguei a paz e esforcei-me por mostrar os horrores da guerra. Todavia, devo reconhecer que, para aqueles que se acham sujeitos a um tal treinamento, há muita coisa de vital importância na mera disciplina das forças militares. O que o soldado aprende? Aprende a obediência às ordens, o asseio, a agilidade, a precisão, a presteza no agir e a disposição de suportar provações físicas sem lamento nem arreglo. Aprende a arriscar a vida e a sacrificá-la em favor de um ideal. Não será esse treinamento algo que tem o seu lugar na evolução da alma? Quando o ideal da pátria inflama o coração, quando por ele a vida é alegremente sacrificada por homens rudes, homens comuns e incultos, por mais grosseiros, violentos e embriagados que sejam, eles estão a passar por uma prova que, em existências futuras, os tornará melhores e mais nobres.

Que se pense na frase que um escritor inglês de raro talento, Rudyard Kipling, põe na boca de seus soldados, fazendo-os dizer que lutarão "pela viúva que está em Windsor". Tal frase pode soar um tanto grosseira, mas ela é justa para o homem que passa fome, que sofre mutilações nos campos de batalha, se diante de si ele consegue divisar a sua Rainha-Imperatriz, mãe de milhões de pessoas, e por ela imolar a vida, aprendendo pela primeira vez a beleza da fidelidade, da coragem e da devoção. Eis aí a distinção que, muito vagamente intuída pelo povo, diferencia o assassinato cometido por motivos pessoais da guerra. Num caso, os interesses são pessoais; no outro, pertencem a um eu mais vasto — o eu da nação.

Ao tratarmos desta questão da moral permanecemos quase sempre aquém dessa visão. Há muitos casos de roubo, de morte e mentira que a lei do homem não pune mas que a lei do karma prevê e faz recair sobre seu autor. Muitos roubos se disfarçam de comércio, muitas operações fraudulentas se disfarçam de negócios, muitas mentiras cuidadosamente arranjadas são tidas por diplomacia. O crime reaparece sob as formas as mais surpreendentes, oculto e disfarçado, e os homens têm que aprender seguidamente, existência após existência, a autopurificação. Antes de abordar a essência do pecado, devemos agora levar em consideração um outro ponto que eu não posso omitir inteiramente: a questão do pensamento e da ação. Certos atos que um homem comete são inevitáveis. Não sabemos o que estamos a fazer quando nos permitimos pensar numa direção errada. Cobiçamos em pensamentos o ouro do alheio; a todo momento tomamos, com as mãos da mente, aquilo que não nos pertence. Estamos edificando o Dharma do ladrão. O Dharma é a natureza interna, a natureza interior, e se nós construímos essa natureza interior com maus pensamentos, renasceremos para uma outra existência com um Dharma que nos arrastará aos atos do vício. Tais atos, então, serão cometidos sem qualquer reflexão. Será que fazemos alguma idéia da quantidade de pensamentos que mobilizamos para que um ato seja executado? Podemos represar a água e impedir que ela circule por seu leito, mas tão logo houver um buraco na barragem a água represada escorrerá por ele e arrastará a barragem: passa-se o mesmo com os pensamentos e as ações. Os pensamentos acumulam-se lentamente por trás da represa da falta de oportunidade. Quanto mais pensamos, mais aumenta o fluxo do pensamento por trás da barreira das circunstâncias. Numa outra existência, essa barreira das circunstâncias cederá e o ato será cometido antes mesmo que sobrevenha um novo pensamento. São os crimes inevitáveis que às vezes arruinam uma bela carreira, são pensamentos do passado que vêm dar frutos no presente, é o karma do pensamento acumulado que se manifesta em atos. Se nos deparamos com a oportunidade e temos tempo para refletir, para dizer: "Devo fazer isso?", então esse ato já não é mais inevitável para nós. A pausa para refletir significa que podemos remanejar esse pensamento para o outro lado e assim fortalecer a barreira. Não há desculpa se cometemos um ato que antes julgamos errado. Tais atos são inevitáveis somente quando cometidos sem reflexão, quando o pensamento pertence ao passado e o ato ao presente.

Chegamos agora à questão fundamental da separação: reside aí, na verdade, a essência do mal. No passado, a separação era algo positivo. A poderosa corrente do fluxo vital divino se dividia na multiplicidade; assim se fazia necessário para que fossem edificados os centros individuais de consciência. Enquanto esses centros necessitam aumentar as suas forças, a separação situa-se do lado do progresso. As almas precisam, a certa altura, ser egoístas, não podem prescindir do egoísmo nos primeiros estágios de crescimento. Agora, porém, a lei da vida progressiva para os mais adiantados exige que a separação seja vencida e a unidade buscada. Estamos agora no caminho que conduz à unidade; aproximamo-nos cada vez mais uns dos outros. Devemos agora nos unir, a fim de progredirmos ainda mais. A meta continua sendo a mesma, embora o método tenha se transformado ao longo das etapas da evolução. A consciência pública está começando a reconhecer que não é na separação, mas na unidade que se encontra o verdadeiro crescimento da nação. Tudo fazemos para que o arbitramento seja substituído pela guerra, a cooperação pela competição, a proteção aos fracos pelo seu esmagamento, tudo isso porque a linha da evolução tende agora para a unidade e não para a separação. A separação é o que distingue a decaída na matéria, ao passo que a unidade é o que distingue a ascensão rumo ao Espírito. O mundo está na fase ascendente, embora milhares de almas encontrem-se retardatárias. O ideal do presente é a paz, a cooperação, a proteção, a fraternidade, a assistência. A essência do pecado reside agora na separação.

Esta idéia, no entanto, nos leva a testar uma vez mais a nossa conduta. Será que o ato que praticamos visa ao lucro pessoal ou contribui para o bem geral? Será a nossa existência egoísta e vã ou contribuirá ela para o bem da humanidade? Se for egoísta, então é porque ela é errada, má e contrária ao progresso do mundo. Se estivermos entre aqueles que já sabem quão belo é o ideal da unidade e já compreenderam a perfeição da humanidade tornada divina, então devemos afastar de nós esta heresia da separação.

Ao considerarmos grande parte dos antigos ensinamentos e observarmos a conduta dos Sábios, apresentam-se certas questões relativas à moral que alguns julgam bastante intrincadas de resolver. Menciono isso porque posso sugerir a linha de pensamento que lhes permita defender os Shastras das críticas acerbas e lhes possibilite aproveitar os seus ensinamentos sem que isso venha acarretar maiores confusões de idéias. Um grande Sábio nem sempre é, por sua conduta, exemplo que o homem comum deva se esforçar por seguir. Quando refiro-me a um grande Sábio, penso naquele em quem todo desejo pessoal está morto, que não se sente atraído por qualquer objeto do mundo e cuja vida não consiste senão na obediência à vontade divina, que se oferece a si próprio como um dos canais por meio do qual a força divina possa socorrer o mundo. O Sábio desempenha as funções de um Deus e as funções dos Deuses diferem bastante das funções dos homens. A terra está cheia de toda espécie de catástrofes — guerras, terremotos, fome, peste, epidemias.

Qual será a causa delas? Não há qualquer causa no universo de Deus a não ser o próprio Deus, e estas coisas que passam por ser tão terríveis, tão chocantes e penosas são a Sua maneira de nos ensinar quando agimos mal. Uma epidemia dizima milhares de homens em um país. Uma grande guerra dissemina milhares de cadáveres pelos campos de batalha. Por quê? Porque esse país negligenciou a divina lei do seu crescimento e deverá aprender a sua lição pelo sofrimento, já que não quis aprender pela razão. A epidemia é uma conseqüência do desprezo pelas regras de higiene e saúde. Deus é misericordioso demais para permitir que a lei seja desdenhada pelos caprichos, as fantasias e os sentimentos do homem comum sem que este se dê conta do que cometeu. Estas catástrofes são obradas pelos Deuses, pelos agentes de Ishvara que, invisíveis por todo o mundo, administram a lei divina como um magistrado a lei civil. Exatamente por serem administradores da lei e agirem impessoalmente, seus atos já não são exemplos que devamos seguir, assim como a decisão de um juiz ao mandar encarcerar um criminoso não pode servir de justificativa para que um simples cidadão se vingue de seu inimigo. Seja, por exemplo, o grande Sábio Narada. Vemo-lo a instigar a guerra, quando duas nações chegaram a um ponto em que o máximo bem-estar de cada uma somente pode ser trazido pela guerra e suas batalhas e pela conquista de uma pela outra. Os corpos perecem e o melhor que pode acontecer a homens que assim morrem é que os seus corpos sejam suprimidos e que, em novos corpos, eles venham a ter maiores possibilidades de crescimento. Os Deuses providenciam uma batalha em que milhares de homens são mortos. Para nós seria um mal imitá-los, pois instigar a guerra visando à conquista, ao lucro ou à ambição, ou a algum objeto em que intervém o interesse pessoal é algo pecaminoso. Não, porém, no caso de Narada, porque Devarishis como ele ajudam a marcha do mundo removendo os obstáculos do caminho da evolução. Saberemos algo acerca das maravilhas e mistérios do mundo quando compreendermos que as coisas que parecem más do ponto de vista da forma são boas do ponto de vista da vida; tudo o que acontece contribui para o bem do mundo. "Há uma divindade que conforma o nosso destino, que o delineia à nossa medida"[1]. Está certa a religião ao afirmar que Deus governa o mundo e dirige as nações, que Ele é quem as conduz e as sujeita ao bom caminho quando dele se apartam.

Um indivíduo absorvido pela sua própria personalidade e atraído pelos objetos do desejo, um indivíduo cujo eu é inteiramente Kama, ao cometer um ato instigado por Kama, quase sempre comete um crime; o mesmíssimo ato, porém, cometido por uma alma liberta, livre de todo desejo, e no cumprimento da ordem divina, seria justo. Dada a descrença total em que mergulharam os homens quanto à ação dos Deuses, tais palavras podem parecer estranhas, mas não há força na natureza que não seja manifestação física de um Deus executando a vontade do Supremo. Essa é a visão correta da natureza. Vemos o lado da forma apenas e, cegados por Maya, o denominamos mal; mas os Deuses, na medida em que rompem as formas, vencem todos os obstáculos que se interpõem no caminho da evolução.

Podemos, agora, entender um ou dois destes argumentos que nos são freqüentemente lançados ao rosto por aqueles que têm uma visão superficial das coisas. Suponhamos que um indivíduo, pretendendo cometer um pecado, é dele dissuadido somente pela pressão das circunstâncias; suponhamos que este seu desejo aumente mais e mais; o que é melhor para ele? Ter uma oportunidade para realizar os seus desejos. Cometer um crime? Sim, até mesmo um crime é menos pernicioso para a alma do que a sua idéia fixa a rondar a mente, o desenvolvimento de um câncer bem no coração da vida. Uma vez cometido, o ato se extingue e o sofrimento que se segue ensina a necessária lição, mas o pensamento, pelo contrário, é algo que persiste e se alastra.[1] Compreendemos isso? Se compreendemos, também chegaremos a entender porque achamos nas escrituras um Deus que deixa ao alcance de um homem a oportunidade para que ele cometa

---

1 Isso não significa que um indivíduo deve cometer pecados, antes de lutar contra eles. Se luta, tanto melhor, pois assim fazendo adquire forças. No caso em questão, não se verifica nenhuma luta e o indivíduo anseia passar à ação, faltando-lhe somente a oportunidade. Neste caso, quanto mais cedo a oportunidade se apresentar, melhor para o indivíduo; o desejo refreado irrompe descontroladamente, o desejo realizado traz sofrimento mas o indivíduo aprende uma lição necessária e se purga de um envenenamento moral que se fazia mais e mais ameaçador.

o pecado que anseia cometer e que na verdade já cometeu em seu coração. Ele sofrerá, sem dúvida, por este pecado, mas aprenderá pelo sofrimento que recai sobre todo pecador. Tivesse aquele mau pensamento crescido em seu coração e ele se tornaria mais e mais forte e acabaria por aniquilar gradualmente toda a sua natureza moral. É como um câncer que, se não é rapidamente extirpado, acabará por envenenar todo o corpo. É mil vezes preferível que tal indivíduo peque e sofra do que, cobiçando o pecado, seja refreado pela mera falta de oportunidade, preparando assim uma inevitável degradação para as existências futuras.

Assim também, se um indivíduo faz rápidos progressos mas ainda assim há uma fraqueza nele oculta ou um Karma ainda não extinto ou malfeitos ainda não expiados, ele não se libertará enquanto perdurar este Karma, enquanto houver ainda uma dívida a pagar. O que de mais misericordioso se pode fazer? Ajudar esse homem a pagar a sua dívida, em meio à angústia e à degradação, para que o sofrimento que se segue à falta possa esgotar o Karma do passado. Isso significa que foi removido do caminho um obstáculo que impedia a nossa libertação e que Deus nos colocou frente a frente com a tentação para que a última barreira fosse demolida. Não disponho de tempo para desenvolver mais detalhadamente esta linha de pensamento tão fecunda, mas peço que o façam vocês mesmos e descubram o seu sentido, vejam como ela pode iluminar os problemas obscuros do crescimento, dos pecados dos santos.

Se, depois de assimilado isso, lerem um livro como o *Mahabharata,* poderão compreender o papel dos Deuses nos negócios do homem; verão os Deuses atuando na tempestade e na luz do sol, na guerra e na paz, e saberão que está tudo muito bem tanto para o homem como para a nação, aconteça o que acontecer, pois a sabedoria mais nobre e o amor mais terno os guiam para a meta fixada.

Mais uma última palavra — palavra esta que me atreverei a dizer-lhes, a vocês que me ouviram com tanta paciência em matéria tão difícil e abstrusa. Há uma advertência ainda mais importante: saibam que existe uma meta suprema e que, no caminho que a ela conduz, os últimos passos não são dos que o Dharma possa guiar. Tomemos as maravilhosas palavras do grande Mestre Shri Krishna e vejamos como, em Seu ensinamento final, Ele se refere a algo mais sublime do que tudo o que nos atrevemos a tocar. Eis a Sua mensagem de paz: "Ouvi de novo a Minha palavra suprema, a mais secreta de todas; és o Meu bem-amado, o de firme coração, por isso falarei por teu bem. Que percas o Manas em Mim, sejas meu devoto, sacrifica-te por Mim, prostra-te diante de Mim, e virás a Mim. Abandonando todos os Dharmas, chegues a mim como teu único refúgio; não te faças triste, eu o livrarei de todos os pecados". (*Bhagavad-Gita,* xviii, 64-66.)

As minhas últimas palavras dirigem-se apenas àqueles cujas vidas se resumem no supremo anseio de se sacrificarem por Ele; eles têm direito a estas últimas palavras de paz e de esperança. O Dharma chega, então, a seu fim. Agora o homem já não deseja mais nada que não o Senhor. Quando a alma alcançou esse estágio da evolução, quando ela já nada solicita do mundo, mas se entrega inteiramente a Deus, quando ela superou toda a urgência do desejo, quando o coração alcançou a liberdade pelo amor, quando o ser inteiro se lança aos pés do Senhor, então é hora de abandonar todos os Dharmas; eles já não nos servem; já não nos serve a lei do crescimento nem o equilíbrio dos deveres nem o exame das nossas condutas. Entregamo-nos ao Senhor. Nada ficou em nós que não seja divino. Nenhum Dharma nos serviria mais, pois unidos a Ele já não somos vidas separadas. Nossa vida está n'Ele, a Sua vida é a nossa; ainda vivemos no mundo, porém não somos mais que seus instrumentos. Estamos inteiramente n'Ele. Nossa vida é a vida de Ishvara e o Dharma já não exerce qualquer influência sobre nós. Nossa devoção nos libertou, pois a nossa vida está em Deus. Eis a palavra do Mestre. É com esse pensamento que gostaria de lhes deixar.

E agora, meus irmãos, adeus. Nosso trabalho conjunto está terminado. Que me seja dado, após essa apresentação imperfeita de um grande tema, lhes dizer: cuidem da idéia contida na mensagem e não nas palavras do mensageiro; abram os corações à idéia e esqueçam a imperfeição dos lábios que a pronunciaram. Lembrem-se de que, à medida que ascendemos a Deus, devemos tentar, pelo menos tentar, transmitir aos nossos irmãos algo dessa vida que nos esforçamos por alcançar. Por isso, esqueçam de quem lhes falou mas se lembrem do ensinamento. Esqueçam as imperfeições do mensageiro, não a mensagem. Adorem o Deus cujos ensinamentos estivemos a estudar e perdoem, com sua caridade, os defeitos do servo que os apresentou.

PAZ A TODAS AS CRIATURAS.

Leia também

A MÔNADA

C. W. Leadbeater

A palavra mônada deriva do vocábulo grego *monas* e significa "só", "solitário", "unidade". Foi usada primeiro por Pitágoras e mais tarde por Leibnitz. No Ocultismo é um centro de consciência, uma centelha imortal da Chama Divina, de cujas qualidades participa. Dessa condição, portanto, deriva o fato de ser, como sua Chama, potencialmente onisciente e onipresente em seu próprio plano, o Monádico, conhecido na filosofia indiana por *Anupádaka.* Contém, pois, em estado latente, todos os atributos e poderes divinos que evolutivamente vão-se manifestando mercê das impressões e dos impactos nascidos do relacionamento com os objetos do universo com os quais a Mônada estabelece contacto. Em sendo una em essência, ela existe em todos os reinos da natureza e mais plenamente no Homem Perfeito. Leadbeater examina-a com o peso de sua notória competência e sabedoria, particularmente quando se faz presente no homem imortal — que é a sua Consciência Superior — levando em conta os diversos aspectos de sua manifestação através da vontade espiritual, da intuição, da inspiração, da meditação e de outros fenômenos e atividades humanas. Como diz o Autor, "as ensaios incluídos neste livro são todos sobre assuntos da mais alta importância, que nossos estudantes devem tentar compreender".

EDITORA PENSAMENTO

SABEDORIA ESOTÉRICA

Cinira Riedel de Figueiredo

De há muito se fazia sentir em nosso meio a falta de um livro que, abrangendo os diversos ramos de estudos esotéricos, esclarecesse os estudiosos, a fim de orientá-los convenientemente na senda que escolheram.

De fato, tão vasto é o campo de estudos esotéricos, que o principiante e outros mais adiantados se vêem muitas vezes perplexos diante de situações e de problemas que se lhes apresentam confusos.

O rumo certo que o estudante deve tomar, de acordo com seu temperamento, seu caráter e suas aspirações evolutivas, é de capital importância, para evitar erros e amargas decepções.

A busca de um "Mestre" é trabalhosa e difícil. E se um velho adágio ocultista reza que "O Mestre aparece, quando o discípulo está preparado", claro está que esse preparo é condição primordial para tal fim.

Daí a necessidade de um preparo físico, mental, espiritual, além do intelectual que proporcione ao estudante uma clara visão do ramo que escolheu para seu estudo e meditação.

Tal a finalidade deste livro que, explicando com a máxima clareza os pontos fundamentais da Sabedoria Esotérica, muita luz derrama no Caminho, fazendo o estudante compreender qual o verdadeiro conceito esotérico da vida e do universo, e abordando, igualmente, alguns problemas sociais de importância, tais como: A Missão da Mulher; A Educação da Infância e da Juventude; A Paz e a Guerra; A Cultura Materialista e Espiritualista.

Resta ao caro leitor saborear o que aqui se acha contido e tirar os reais proveitos que muito lhes desejamos.

EDITORA PENSAMENTO

FUNDAMENTOS DE TEOSOFIA

C. Jinarajadasa

Escrito em linguagem acessível e num estilo agradável, é este um dos mais completos e bem elaborados compêndios de Teosofia. Não obstante a complexidade do assunto, o Autor conseguiu sintetizá-lo em 16 capítulos fartamente ilustrados. Sucessivas reimpresões, desde 1921, comprovam-lhe a ampla aceitação pública, na Inglaterra, nos países de língua espanhola, na França, na Itália, na Noruega, na Alemanha, na Holanda, na Grécia e entre nós. O livro trata de temas fundamentais como a evolução da vida e da forma, a evolução da matéria e da força (assunto de Química Oculta), ascensão e decadência das civilizações, as leis da reencarnação, a lei da ação e da reação, os mundos invisíveis, o homem na vida e na morte, a evolução dos animais, a natureza e sua mensagem de beleza, a evolução da consciência, a senda do discipulado, o Plano de Deus, que é evolução. Fazendo uso do método expositivo da Ciência, explica o Autor: "Nada prepara melhor a compreensão da Teosofia do que um esboço geral da Ciência moderna. Quando elas diferem (Ciência e Teosofia), não é porque a Teosofia ponha em discussão os fatos asseverados pelos cientistas, mas tão-somente porque, antes de se pronunciar, ela tem em vista os fatos adicionais que a moderna Ciência deixa de lado ou que ainda não descobriu. Não há senão uma Ciência, desde que se estudem os mesmos fatos; o que é rigorosamente científico é teosófico, e vice-versa".

Jinarajadasa nasceu em Colombo, no Ceilão, em 1875. Transferindo-se, aos 14 anos, para a Inglaterra, cursou a Universidade de Cambridge, graduando-se, em 1900, em Filosofia e Letras. Revelou-se poliglota notável. Na qualidade de conferencista, percorreu as grandes cidades do mundo. Esteve no Brasil em 1928, 1934 e 1938. Para os estudiosos de Teosofia, ou de Hinduísmo; enfim, para os que se interessam pelo Homem como um ser em evolução, Jinarajadasa escreveu inúmeras obras de Filosofia Oriental, Teosofia, Misticismo e Educação, entre as quais, por sua profundidade, se realçam os FUNDAMENTOS DE TEOSOFIA. Jinarajadasa faleceu nos E.E.U.U. em 1953.

EDITORA PENSAMENTO

OS SETE RAIOS

Ernest Wood

O professor Ernest Wood, conhecido escritor inglês e profundo cultor da ciência oriental e ocidental, interessou-se pela teoria setenária da Natureza (os antigos consideravam o 7 um número sagrado) e perscrutou a origem e estrutura setenária das coisas, sobretudo do ser humano, condensando neste livro o estupendo resultado de seus estudos. Verifica-se por aqui que todos os complexos seres humanos podem ser classificados em sete temperamentos fundamentais ou radicais, que o autor prefere chamar sinteticamente de Raios. Segundo seja o seu raio específico, assim é o temperamento e atividade do indivíduo, e a influência desse raio se exerce tanto na vida particular desse indivíduo como na vida coletiva de uma nação ou agrupamento. Daí que se possam distribuir os homens em sete categorias principais: estadistas, filantropos, filósofos, magos, cientistas, devotos e artistas. Quem deveras conheça o seu raio específico (o que não é fácil) e como aplicá-lo, poderá mais seguramente orientar sua vida e atingir sua meta.

O autor focaliza o assunto com aguda penetração e lucidez, mercê de sua dupla capacidade mental de abstração e objetividade, o que torna o seu livro sobremodo elucidativo, atraente e útil para a vida prática.

EDITORA PENSAMENTO

O CRISTIANISMO ESOTÉRICO

Annie Besant

Com sua competência e imparcialidade universalmente reconhecidas, a Atora investigou profundamente o Cristianismo, até às suas raízes históricas, místicas e filosóficas, e nesta obra expõe magistralmente os resultados de seus estudos. Como ela demonstra logo no início, todas as grandes religiões têm o seu lado oculto, esotérico, essencialmente doutrinário, e o seu lado público, exotérico, cerimonial; e o Cristianismo se inclui entre elas. Como em qualquer religião a sua parte vital, básica e estrutural, é a esotérica, a Autora prefere abordar o tema *Cristianismo Esotérico,* que é bastante amplo para comportar também o exotérico.

Assim, na parte interna ela expõe a manifestação de Cristo sob três aspectos capitais: o mitológico, que é o culto do Cristo cósmico; o histórico, que é o Cristo da Palestina, reverenciado pela cristandade; e o Cristo místico, que é o "Cristo dentro de nós", o deus em nosso interior. "Não está escrito: vós sois deuses?". Ao passo que na parte externa trata da vida de Jesus, o mistério do nascimento, obra, morte, ressurreição e ascensão de Cristo, a Santíssima Trindade, a Prece, o Perdão dos Pecados, os Sacramentos e a Revelação.

Estudar e compreender, pois, esta obra é descobrir com seus próprios esforços algo dos mistérios que velam os inestimáveis tesouros do Cristianismo, e sentir diretamente a sublime mensagem que ele traz à humanidade.

EDITORA PENSAMENTO

Editora Pensamento

Rua Dr. Mário Vicente, 374
04270 São Paulo, SP
Fone 63-3141

Livraria Pensamento

Rua Dr. Rodrigo Silva, 87
01501 São Paulo, SP
Fone 36-5236

Gráfica Pensamento

Rua Domingos Paiva, 60
03043 São Paulo, SP
Fone 270-3033